久賀島

糸串鼻

半泊教会 P.34

民宿よしかわ半泊店 H P.133

観音平

宮原教会 P.35

宮原

戸岐

浜田海水浴場 P.54

162

奥

奥浦

崎公園 P.59

民宿あびる P.65、133

384

ドンドン渕 P.61

教会

河務

河務

JN051833

ビジネスホテルいりえ荘 P.133

ラインレンタカー P.131 A

ダイニーハウスねこたま P.133

五島手延うどん おっどん亭 P.66 R

島の宿 ごとう屋 P.133

長崎五島 ごと P.68 S

ごとう屋レンタカー P.131

産直市場 五島がうまい P.68 S

軽自動車レンタカー椿 P.131

うまい 農家レストラン P.66 R

キンナゴアジロ P.133

マヤファクトリー P.67 R

大荒

福江港

福江中心部 P.58

スホテルファイブ・テン P.133

ホテル ライトハウス P.133

五島ゲストハウスビジネス海星 P.70

AKUBAKU P.67 S

カースタレンタカー P.131 A

寿し善 P.63

スマイルレンタカー P.131

27

明星院 P.62

Guest House ASUKA P.133

民宿坂の上 P.133

ソトノマ P.67 R

三井楽水産 鬼鯖店 P.69

大浜海水浴場 P.54

鬼岳四季の里 P.68

五島椿物産館 P.68

福江空港

五島市椿園 P.60

カフェレストラン木馬 P.67

49

小泊

165

の宿 133

鬼岳天文台 P.55

香珠子海水浴場 P.54

五島コンカナ王国 P.69

鎧瀬ビジターセンター P.60

椿茶屋 P.65 R

五島ワイナリー P.68

鎧瀬溶岩海岸 P.60

ののや P.133 H

鬼岳 P.55

富江港

富江湾

富江

多郎島海水浴場 P.54

多郎島公園 (さんさん富江キャンプ村) P.61、131

黒島

赤島

小板部島

大板部島

只狩山展望所 P.60

笠山崎

黄島

● 観る・遊ぶ
R 飲食店
S みやげ物店
H 宿泊施設
A アクティビティ会社
卍 寺院
† 教会
♨ 温泉
❶ 観光案内所

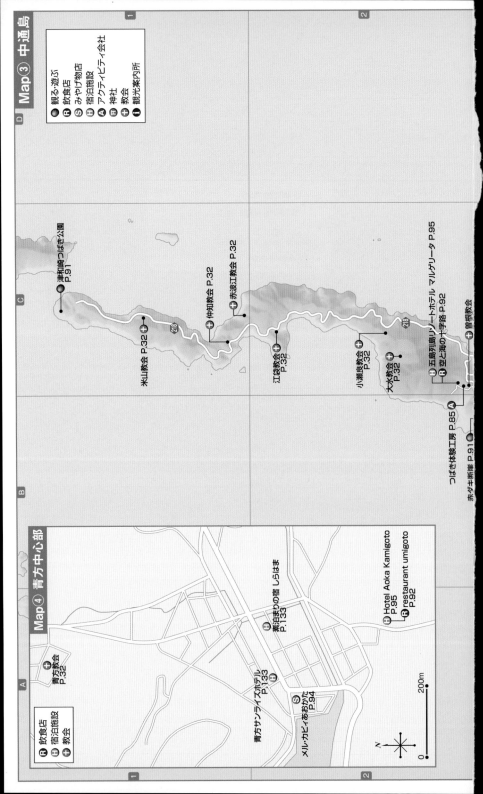

観る・遊ぶ
R 飲食店
S みやげ物店
H 宿泊施設
A アクティビティ会社
神社
教会
i 観光案内所

津和崎つばき公園 P.91

米山教会 P.32

仲知教会 P.32

赤波江教会 P.32

江袋教会 P.32

小瀬良教会 P.32

大水教会 P.32

五島列島リゾートホテル マルゲリータ P.95

空と海の十字路 P.92

曽根教会

つばき体験工房 P.85

赤ダキ断崖 P.91

Map④ 青方中心部

R 飲食店
H 宿泊施設
教会

青方教会 P.32

素泊まりの宿 しらはま P.133

青方サンライズホテル P.133

メルカビィあおかた P.94

Hotel Aoka Kamigoto P.95

restaurant umiigoto P.92

200m

N

0

美しき教会に心魅かれる
祈りの島

五島列島
GOTO

福江島　久賀島　奈留島　中通島
若松島　小値賀島　宇久島

五島列島へようこそ！

Welcome

五島列島で暮らし、島を愛する皆さんが、
五島の魅力やおすすめの楽しみ方を
教えてくれました♪

母娘でにぎやかに
おもてなし

五島牛は軟らかく
甘味がたっぷり。
どんな部位でも
おいしさ100点満点！

福江島 P.64 しま味彩
中村 夏季さん(左)
的野 秀子さん(右)

おいしい魚を
用意してます！

やっぱり海が
おすすめね。
晴れた日は、
柿の浜海水浴場が
別世界のような美しさ

小値賀島 P.103
民宿千代 女将
中村 千代子さん

青い海で取れた
魚介類は最高

地ノ神島神社の
前の砂浜に立つと、
海を挟んだ向こうの
野崎島に神秘的な
王位石が見えますよ

仕事終わりは
港でイカを
釣ってます♪

若松島周辺では
タコやカツオのほか、
養殖のブリが
有名なんですよ

若松島 タコ漁師
浦本 一男さん

島人との交流も
旅の貴重な思い出に

鯨波
濱田 あかりさん

気さくで明るい
小値賀島の人たち。
通りやお店で
話が弾むことも
しばしば♪

小値賀島 P.102
tan tan
山本 麻由さん(左)
かすみさん(右)

輝く海に
囲まれた中通島。
特に頭ヶ島天主堂の
周辺は、
白い砂浜と緑の木々が
美しさを引き立てます

小値賀島 P.102

五ツ島バウルの
ご賞味どうそあれ♪

テイクアウトバーガーを
海辺や公園で
味わって☆

五島市の
ブランド牛を
味わってみて

繊維が細かく
霜降りのバランスがいい
五島牛はステーキに最適。
甘い肉汁が口いっぱいに
広がります

和風レストラン 望月
福江島 P.63
望月 政一郎さん

ドライブがてら
四季を満喫できる
福江島。
春はお店の前の
桜がきれいです

麺's はまさき
中通島 P.94
浜崎 祥雄さん

福江島 P.67
BURGER STAND BAKUBAKU
谷川 スミ子さん(左)
大林 夏恋ちゃん(中)
朋美さん(右)

2

島のお祭りを見に来てね！

宇久島は1年を通してイベントがたくさん。
みんな晴れ姿で盛り上がっています

宇久島 P.104 宇久島の皆さん

美しい入江が
いくつも連なる
奥浦の海岸線。
ドライブしながら
ベストスポットを
探してみて

無農薬野菜を
作ってます

手作業で作る
五島うどん。
製麺所ごとに違う
コシや味を
食べ比べてください

取れたての魚が
食べられる福江島。
弾力のある食感と
豊かな味わいを
楽しんで

五島うどんの
食感を楽しんで

福江島 P.67
ねこたま Shop & Cafe
坂本 泰子さん

五島の魚は
ピチピチの
プリプリ♪

中通島
西下製麺所
平塚 国明さん

福江島 P.64
海鮮なないろ
川端 菜緒さん（左）
徹さん（右）

魚も貝も
とにかく新鮮な中通島。
1年を通して
寿司のネタには
困りません

お立ち寄りください奈良尾に静かな

ウミガメにも
会えますよ♪

上五島は人気の
ダイビングエリア。
水中アーチや
回遊魚の群れが
圧巻です

中通島 P.83
五島ダイビングセンター・
ナイスばでぃー
今田 奈津美さん

福江島には
カッパ伝説が！

大円寺のカッパ池や
三井楽のカッパの足跡など、
カッパの伝説が
各所に残ってます

中通島 P.92
鮨 割烹 ことぶき
梶村 妙子さん（左）
泉さん（右）

福江島 P.62
大宝寺
稲生 真紀さん（左）
弘雅くん（右）

日常から離れて……ゆったり流れるアイランドタイムに浸る

島旅×ジブン時間

島に漂うあたたかく緩やかな空気は、旅行者をも優しく包み込む。
急ぎ過ぎずに、まずはゆったりと流れる時間に身をまかせよう。
きっと新たな島の魅力が見えてくる。

約 800m にわたって白砂が延びる高浜海水浴場。高台に立つ魚藍観音からの眺めが美しい

島旅×ジブン時間

人々の信仰を支えた祈りの場

長いキリシタン弾圧の時代が終わると、信者たちは自由な信仰の喜びを教会建築へと注いだ。
わずかな蓄えのなかから資金を持ち寄り建てられた教会は、今でも大切に使われている。

1. 世界遺産に登録された江上天主堂。奈留島の江上集落にたたずむ
2. 水辺に立つ美麗な中ノ浦教会。折上天井のツバキの装飾が印象的
3. 12月になると中ノ浦教会などがライトアップされ厳かな雰囲気に
4. 福江島の堂崎教会には二十六聖人事件で殉教したヨハネ草庵の像が
5. 1881年に建てられた浜脇教会を移築した久賀島の旧五輪教会堂
6. フランスのルルドから霊水を取り寄せ注いだ井持浦教会のルルド

上／陽光が差し込むと堂内が色彩の渦に包まれる青砂ヶ浦天主堂
下／無人となった野崎島の高台に立つ、れんが造りの旧野首教会

1

島旅×ジブン時間

心を揺さぶる大自然のアート

人間にとって、ときに恵みをもたらし、ときに脅威ともなる大自然。
長い時間をかけて造られた多彩な自然景観は、見る人の心に響く。

2

3

4

5

6

1. 魚津ヶ崎公園では季節ごとにヒマワリやコスモスなどの花が咲く
2. 小値賀島の穏やかな海でカヌーに挑戦。初心者でも楽しめる!
3. 潮が引くと、沖の小島まで岩盤の道が浮かび上がる奈留千畳敷
4. 宇久島の北岸、五島最北端から紺碧の海を一望する対馬瀬灯台
5. 福江島の玉之浦町で発見され、縁起物として珍重される玉之浦椿
6. 小値賀島の長崎鼻と呼ばれる草原では放牧された和牛がくつろぐ

左上／朱を帯びた火山礫が独特な景観を見せる小値賀島の赤浜海岸
左下／東シナ海に突き出した断崖の先端に立つ真っ白な大瀬埼灯台
右上／お椀のような形の鬼岳は、市民に愛される福江島のシンボル
右下／矢堅目の岩越しに沈む夕日は、中通島きっての美景スポット

1

Culture

島旅×ジブン時間

複雑な歴史が育む島カルチャー

雄大な海に囲まれた島々は、本土とは異なる風土、歴史により独自の文化を育んできた。
自然とともに生きる島人たちのカルチャーに触れれば、島旅がより思い出深いものになる。

2

4

6

3

5

1. 宇久島にある三浦神社のソテツの巨樹。樹齢は1000年以上とも
2. 福江島の明星院は、本堂の天井に描かれた121枚の花鳥図が見
3. 若松島はマグロの養殖地。冷凍しない生マグロはトロけるうまさ！
4. 福江島には日本最後の城との異名をもつ福江城（石田城）の跡が
5. 小値賀島の民泊は暮らすように過ごす新しい旅スタイルとして評判
6. 遣唐使時代に嵯峨島に伝わったとされる念仏踊のオーモンデー

左上／中通島の友住地区に残る五島石の小路。重要文化的景観のひとつ
左下／椿油を練り込んだ五島うどんは、独特のコシとのど越しが魅力
右上／ハコフグの味噌焼きやキビナゴの刺身などの名物料理も楽しみ
右下／漁場を守るため、増えた大型のウニ、ガンガゼを駆除する

五島列島 GOTO 4訂版

c o n t e n t s

本書の見方

使用しているマーク一覧

交 交通アクセス	休 定休日	観 観る・遊ぶ	観 観る・遊ぶ	寺 寺院	
バス停 バス停	料 料金	食 食べる・飲む	飲 飲食店	神 神社	
住 住所	客室数 客室数	買 買う	み みやげ物店	温 温泉	
電 電話番号	カード クレジットカード	泊 泊まる	宿 宿泊施設	案 観光案内所	
問 問い合わせ先	予約 予約	voice 編集部のひと言	A アクティビティ会社	学 学校	
時 営業・開館時間	駐車場 駐車場	旅人の投稿	教 教会		
所要 所要時間	URL ウェブサイト				
	インスタグラム				

地図のマーク

※営業・閉館時間や定休日は変更になる可能性があります。お出かけ前に各施設・店舗にご確認ください。
※本書に掲載されている情報は、2023年12月の取材に基づくものです。正確な情報の掲載に努めておりますが、ご旅行の際には必ず現地で最新情報をご確認ください。また弊社では、掲載情報による損失等の責任を負いかねますのでご了承ください。
※商品・サービスなどの価格は原則として2019年10月からの新税率の税込価格で表示しています。
※休館日や休業日は年末年始、お盆を省き、基本的に定休日のみ記載しています。
※宿泊料金は特に表示がない場合、1室2人利用時の1人当たりの料金です。また、素…素泊まり、朝…朝食付き、朝夕…朝夕食付きを意味します。

ひと目でわかる五島列島

長崎県西部に浮かぶおよそ150の島々からなる五島列島。
福江島から奈留島までを下五島、若松島と中通島以北を上五島と呼ぶ。
まずは五島列島の全体像と基本情報をチェック！

ココ！

島へのアクセス
※詳しくはP.128

大型客船
博多港から宇久島、小値賀島、中通島、奈留島、福江島を縦断するフェリーが発着しているほか、佐世保港から宇久島、小値賀島、中通島、また長崎港から中通島、奈留島、福江島にフェリーが運航している。長崎港から福江島は約3時間10分、佐世保港から中通島は約2時間35分。

高速船
船内での動きは制限されるが、効率的に移動するなら高速船がおすすめ。佐世保港から宇久島、小値賀島、中通島、また長崎港から福江島と中通島に高速船が運航している。佐世保港から中通島まで約1時間25分、長崎港から福江島まで約1時間25分。

飛行機
福江島へは、長崎と福岡から全日空とオリエンタルエアブリッジの直行便が運航している。所要時間は長崎から約30分、福岡から約45分。1日に数便あるので乗り継ぎのよい便を選べる。

全国の自治体が注目！　P.99

小値賀島
おぢかじま

起伏の少ない平坦な地形に恵まれ、古くから人々が住んでいた歴史ある島。古民家ステイなど新たな旅スタイルが地域活性化の成功例として注目される。

必見
柿の浜海水浴場→P.84
北部にある白砂の海岸。アクティビティのフィールドにも使われる。

美しい自然に恵まれたのどかな島　P.96

若松島
わかまつじま

中通島と若松大橋でつながった漁業の島。潜伏キリシタンゆかりの地として知られ、キリシタン洞窟など関連史跡が残っている。

必見
龍観山展望所→P.97
緑の島々が入り組んだ若松瀬戸を一望する島随一の展望スポット。

美景に恵まれた　五島列島の中心地　P.58

福江島
ふくえじま

飲食店や宿泊施設が多い五島列島最大の島。鬼岳が見守る福江港周辺はかつて城下町として栄え、福江城跡などの史跡が見どころ。

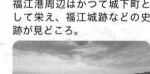

必見
大瀬埼灯台→P.59
西海岸の断崖の先端に立つ灯台。紺碧の東シナ海がパノラマで広がる。

気になる
ベーシックインフォメーションQ&A

Q 何日あれば満喫できる？

A 1泊2日からOK
福江島や中通島のみの滞在なら、1泊2日あれば主要観光スポットを回れる。小値賀島や奈留島など2島滞在の場合はもう1日欲しい。もちろん、島はのんびりとした長期滞在にもぴったり。

Q ベストシーズンはいつ？

A 夏の7〜8月が人気
マリンスポーツに最適なのは7月から8月。観光には4月から10月くらいまでがよい。冬は海が荒れるが、魚介のおいしさは格別。夏は予約が取りにくいので、時期を外して訪れるのもよい。

Q 島巡りのおすすめルートは？

A 福江島か中通島を中心に
下五島は【福江→久賀→福江→奈留】、上五島は【中通→小値賀→宇久】、列島横断なら【福江→奈留→若松・中通→小値賀→宇久】など。詳しくはP.130へ。

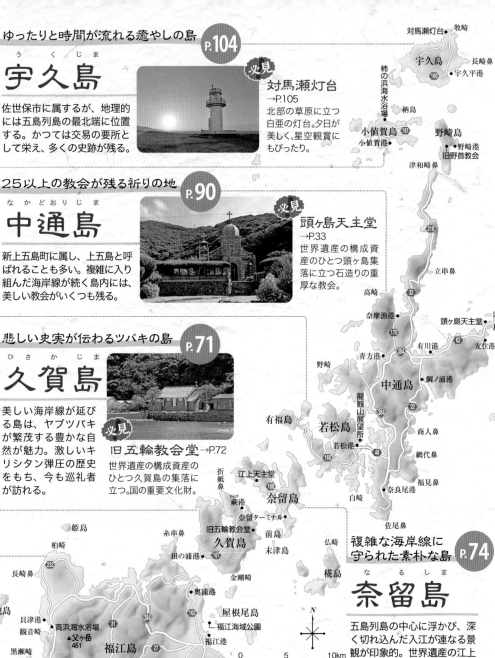

ゆったりと時間が流れる癒やしの島　P.104

宇久島
（うくじま）

佐世保市に属するが、地理的には五島列島の最北端に位置する。かつては交易の要所として栄え、多くの史跡が残る。

必見 対馬瀬灯台
→P.105
北部の草原に立つ白亜の灯台。夕日が美しく、星空観賞にもぴったり。

25以上の教会が残る祈りの地　P.90

中通島
（なかどおりじま）

新上五島町に属し、上五島と呼ばれることも多い。複雑に入り組んだ海岸線が続く島内には、美しい教会がいくつも残る。

必見 頭ヶ島天主堂
→P.33
世界遺産の構成資産のひとつ頭ヶ島集落に立つ石造りの重厚な教会。

悲しい史実が伝わるツバキの島　P.71

久賀島
（ひさかじま）

美しい海岸線が延びる島は、ヤブツバキが繁茂する豊かな自然が魅力。激しいキリシタン弾圧の歴史をもち、今も巡礼者が訪れる。

必見 旧五輪教会堂 →P.72
世界遺産の構成資産のひとつ久賀島の集落に立つ。国の重要文化財。

複雑な海岸線に守られた素朴な島　P.74

奈留島
（なるしま）

五島列島の中心に浮かび、深く切れ込んだ入江が連なる景観が印象的。世界遺産の江上天主堂が注目されている。

必見 江上天主堂
→P.76
木々に覆われた木造建築の教会。世界遺産の構成資産、江上集落に立つ。

五島列島の島ごよみ

平均気温 & 降水量

※参考資料 気象庁ホームページ
www.jma.go.jp/jma/index.html
※気象庁福江特別地域気象観測所における
1991～2020年の平均値
※海水温：福江島

	1月	2月	3月	4月	5月

五島（福江）　—— 平均気温（℃）　—— 最高気温（℃）　—— 最低気温（℃）　降水量（mm）

東京　------ 平均気温（℃）　降水量（mm）

最高気温：10.8 / 11.9 / 14.9 / 19.1 / 23.0
平均気温：7.6 / 8.3 / 10.9 / 14.9 / 18.8
最低気温：4.2 / 4.3 / 6.6 / 10.4 / 14.6

降水量：93.4 / 109.5 / 172.1 / 216.1 / 210.2

海水温

16～18℃	15～16℃	15～16℃	17～18℃	18～20℃

シーズンガイド

オフシーズン

冬 12～2月
冷たい風が吹き、海が荒れる冬。しかしクエやアオリイカなど冬が旬の魚介が多く、グルメには最高のシーズン。

春 3～5月
3月は朝晩冷えるが、4月に入ると上着のいらない暖かい日が増える。5月は20℃を超える日も多く、町歩きにぴったりな季節だ。

梅雨入り前の5月は狙い目！

お祭り・イベント
※詳しくはP.114へ

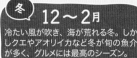

戸岐神社例祭（福江島）
猿田彦（天狗）や翁、媼が集落を歩いて回る

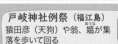

ほたるのふるさと
相河川（あいこがわ）でホタルの

ヘトマト（福江島）
未婚女性を乗せた長さ3mの大わらじを奉納する奇祭

五島椿まつり（福江島）
食イベントやライトアップなどで盛り上がる

見どころ・旬のネタ
※詳しくはP.127へ

クエ

菜の花

ヤブツバキ

山桜

イサキ

キビナゴ

マアジ

五島ルビー（トマト）

ウニ

南から上がってくる対馬暖流の影響で、夏は涼しく冬は暖かい五島列島。
平均気温は東京とほとんど変わらず、最高気温と最低気温の幅が狭い。
南国のイメージがあるが、きちんと四季があり冬は雪が降ることも。
冬でも佐世保より2～3℃暖かいが、海が荒れるため旅行は春～秋がおすすめ。

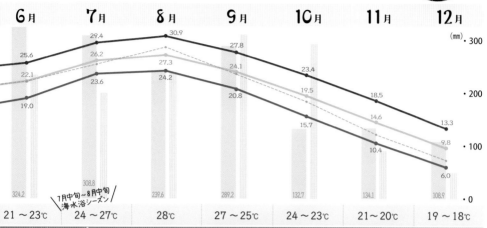

6月	7月	8月	9月	10月	11月	12月

(mm)・300

25.6 / 22.1 / 19.0 — 29.4 / 26.2 / 23.6 — 30.9 / 27.3 / 24.2 — 27.8 / 24.1 / 20.8 — 23.4 / 19.5 / 15.7 — 18.5 / 14.6 / 10.4 — 13.3 / 9.8 / 6.0

・200

・100

・0

324.2 / 308.8 / 239.6 / 289.2 / 132.7 / 134.1 / 108.9

7月中旬～8月中旬
海水浴シーズン

| 21～23℃ | 24～27℃ | 28℃ | 27～25℃ | 24～23℃ | 21～20℃ | 19～18℃ |

オンシーズン ←→ **オフシーズン**

夏 **6～8月** 旅のベストシーズン！
7月中旬～下旬に梅雨が明けると夏に突入。ビーチは海水浴客でにぎわい、毎週末お祭りやイベントが。レンタカーやホテルは予約を！

秋 **9～11月** Go to ゴトー！
暑さがやわらぐ快適なシーズン。観光客が減り落ち着いて過ごせるため、この時期狙いのリピーターも。11月は朝晩冷えるので注意。

相河川まつり（中通島）
舞を観賞。屋台なども出店

チャンココ踊り（福江島）
半袖襦袢に腰みのなど南方系の踊りを思わせる

始浜で遊ぼデー（中通島）
ビーチフラッグやスイカ割りなどが行われる海開きイベント

オーモンデー（嵯峨島）
遣唐使時代に中国より伝わったとされる念仏踊り

チャーチウィーク in 上五島教会コンサート（中通島）
聖堂に響き渡る管弦楽を堪能する贅沢な時間

五島列島夕やけマラソン（福江島）
夕日を浴びながら走るハーフと5kmマラソン

 夏祭りのシーズン

 海水浴のシーズン

クエ

★ ハチクマの渡り

 カットッポ（ハコフグ）

トレッキング、登山のシーズン

キビナゴ

 五島ルビー（トマト）

 アオリイカ

優美な教会に守られた個性豊かな島々

五島列島をもっとよく知る Keyword

対馬暖流に包まれ150kmにわたって連なる五島列島。素朴な島々には可憐な花をつけたヤブツバキが自生し、人々の信仰を支えてきた教会が静かにたたずむ。

教会
Church

美麗な姿が心に響く
世界遺産の集落に立つ教会

2018年7月に世界遺産に登録された「長崎と天草地方の潜伏キリシタン関連遺産」12の構成資産のうち、4つの集落は五島列島にある。禁教令が解けるとともに建てられた教会には、激しい弾圧に耐えた信者たちの喜びが宿る。→ P.30

奇祭
Unique Festival

古くから伝わる
民俗行事を見に

長さ3mの大わらじに未婚の女性を乗せ胴上げするヘトマトや、福江に伝わる念仏踊りチャンココ、嵯峨島の念仏踊りオーモンデーなど個性的な祭りが残る。→ P.114

潜伏キリシタン
Clandestine Christian

信仰を守り抜いた人々

キリシタン禁制下の五島では、多くのキリスト教徒が仏教を信仰していると見せかけ、密かにキリスト教を信仰し続けた。偽装棄教は禁教令解除まで250年以上継承された。→ P.113

五島うどん
Goto Udon

1000年以上の
歴史を誇る伝統食

上質な椿油や天然塩を使い、潮風で自然乾燥させた五島うどん。モチモチとした食感とのど越しのよさで毎日食べても飽きない。コシが強く伸びにくいのも魅力。→ P.85

鬼岳
Onidake

お椀のような
福江島のシンボル

福江島南部に広がる溶岩台地の中央にそびえる鬼岳。大きな火口をもち、遠くから見ると丸みを帯びた姿が印象的。芝に覆われた斜面は市民の憩いの場になっている。→ P.55

古民家
Old House

新たな
滞在スタイルに注目!

古い民家を改修し、情緒のある見た目は残しながら、床暖房やヒノキ風呂など快適な施設を整えた小値賀島の古民家。暮らすように過ごす休日が評判を呼んでいる。→ P.86

城下町
Castle Town

椿油
Camellia Oil

**食用にも使われる
上質なオイル**
五島列島は伊豆諸島と並ぶ
椿油の産地。島に自生する
ヤブツバキから取れる油は
品質のよさで知られ、古く
から食用油や整髪料として
使われてきた。→ P.85

江戸時代の面影を残す町並み
江戸時代、五島藩の城下町として栄えた福江。
町なかには福江城（石田城）や溶岩塊の石垣
など風情ある景観が残る。特に約400mにわ
たって続く武家屋敷通りの石垣は圧巻。→ P.50

海上交通
Sea Traffic

**古くより栄えた
風待ちの寄港地**
遣唐使船最後の寄港地だった
五島列島は、日本の海上交通
に欠かせない中継地として栄
えた。現在でも本土との間、
また島間は充実の航路で結ば
れている。→ P.128

電気自動車
Electric Vehicle

充電をしながらエコなドライブ
五島列島ではレンタカーに電気自動車（EV）
を導入。ガソリンの代わりに充電が必要なの
で、島内には充電施設が点在している。音
が静かで環境にも優しい！→ P.132

五島牛
Goto Beef

**のんびり育った
幻の黒毛和牛**
広い大地に放牧され、塩分が適度に
含まれた牧草で育つ五島牛は、質の
よい霜降り和牛として高く評価され
ている。引き締まった肉は脂肪がしつこ
くなく、深いうま味が特徴。→ P.26

**トビウオから取る
香りのよいだし**
五島列島ではトビウオをアゴと呼
び、乾燥させ焼いたアゴから取っ
ただしがよく使われる。風味豊か
なアゴだしは、五島うどんのほか
鍋や煮物などさまざまな料理の
味を引き立てる。→ P.23

アゴだし
Ago Dashi

五島灘
Sea of Goto

豊かな暖流に抱かれた海の幸の宝庫
黒潮から分岐する対馬暖流と沿岸流のおかげで、
おいしい魚介類の宝庫といわれる五島灘。ブリや
イサキなどの回遊魚から、クエをはじめとした根
魚まで種類豊富。→ P.24

物欲を刺激する
大自然の贈り物
とっておき

島みやげ

買えるお店（Ⓐ〜Ⓞ）は P.23 に！

豊かな海に浮かぶ五島列島のおみやげは、自然が育む多彩な食材が主流。
島ごとに個性的な食材も見つかるので、こだわりの逸品を探して！

島ならではの食材が魅力的

絶対買いたい 名産品

まずチェックしたいのは、五島列島の大自然を感じさせる名産品。いくつあってもよさそう。

サツマイモの香りが漂う **756円**

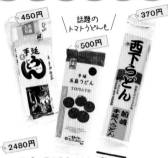

450円
500円
話題のトマトうどんも
370円

2180円

かんころ餅
350円
かんころとはスライスしたサツマイモをゆでて干し、餅と合わせた餅菓子。軽く焼いておやつにⒹ

カンコロチップス
伝統食のかんころ餅をザクザク食感のチップスに。香りがよく素朴な味わいⓃ

豆ようかん
480円
良質の小豆に五島産の食塩を加えて練った奈良尾地方の名物。どこか懐かしいふるさとの味Ⓛ

380円

五島の鯛で出汁をとったプレミアムな高級カレー
五島地鶏しまさざなみ 2人前（左）
久賀島の車海老 2人前（右）

五島の食材と、五島の鯛で取っただしを合わせたレトルトカレー。ほかに五島牛と美豚もⒼ

おぢか島の落花生
赤土で育てた甘味の強い落花生は小値賀島の名物。じっくり乾燥させた風味豊かな一品Ⓝ

五島手延うどん
2480円
椿油で仕上げ潮風で乾燥させた五島うどんは、細麺でコシが強く、モチモチとした歯応えが魅力。左…Ⓑ 中…Ⓛ 右…Ⓜ

自分用に！

お得感たっぷり ふしめんって何？

ふしめんとは、手延麺を切り分けるときに出る端の部分のこと。乾燥させる際、棒にかかって曲がった部分のこと。スーパーなどでまとめて安く売っているのでお得。

五島を代表する上質な逸品

潤いの 椿油

ヤブツバキが自生し、古くから食用に使われた五島の椿油。品質のよさは折り紙つき。

1100円

玉椿クリーム
椿油とハチミツ配合の全身保湿クリーム。指先やひじ、かかとのお手入れに重宝Ⓓ

ドゥ サンクィルローション
椿油やハチミツなど、五島の素材を配合したスキンケアシリーズ。化粧水でうるおい肌にⒹ

2420円

1540円

いろいろ使える！
918円

純粋つばき油
五島に自生するツバキだけを使った上質な椿油。少量を毛先になじませれば、艶のある髪をキープできるⒷ

純粋つばき油スプレータイプ
スプレーボトルを採用した、五島産の純度の高い椿油。椿油がたれずに使いやすいと評判Ⓓ

1500円

竹椿
精製した竹酢と竹炭に椿油を配合。天然のミネラルでしっとりとした洗い上がりにⒷ

1100円

玉椿せっけん
肌の潤いを保つツバキ葉エキスを配合。きめ細かくもっちりとした泡で、肌を包み込むように洗うⒹ

ハズレなしの お菓子

お菓子は相手を選ばない鉄板みやげ。小分けタイプならバラマキみやげにも重宝する。

1080円

塩チョコバウムクーヘン

五島の天日塩とコロンビア産チョコレートが練り込まれた、しっとり上品なバウムクーヘン⑤

486円

塩飴

五島の海水から作られる塩、「五島灘のめぐみ」（→P.23）を使った塩飴。ほのかな塩味と甘味とのバランスが◎⑤

570円

椿の飴

五島市観光協会オリジナルの飴。椿油入りで、のどがしっとりと潤う。配りやすい小分けタイプ⑤

1080円

おっ!パイ

ネーミングそのままの形をした手作りパイ。落花生あんと実えんどうあんの2種類⑤

バラ売りもあるよ

864円

島の魚たち

ハコフグくんの 五島塩クッキー

平釜製法のまろやかな塩が利いたクッキー。とぼけた顔のハコフグパッケージが大人気⑤

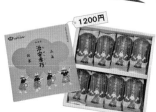
756円

肉球がかわいいっ!

つばきねこってる。

ネコの肉球をモチーフにしたクランチチョコ。イチゴとホワイトチョコレートの2層式⑤

ちょっと不思議なおまじない♪

650円(6個)

モチモチ～

八匹雷 （はっちかんかん）

福江島を代表する餅菓子。災いから身を守る「はっちかんかんだご（団子）三つ」というおまじないが名前の由来①

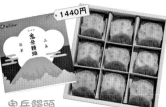
1440円

鬼岳饅頭

饅頭の上に砂糖菓子を乗せ、福江島のシンボル鬼岳を表現。小豆あんと黄味あんの2種類を味わえる⑤

1200円

治安孝行 （ちゃんここ）

たっぷりの粒あんを水飴で仕上げた皮で包み、きなこをまぶした懐かしい味。名前は福江島の念仏踊りから⑤

950円

なんや餅

こしあんをしっとりとした餅でくるんだ五島銘菓。冷やして食べるとおいしさアップ⑤

540円

ちょこきなぴい

ローストした落花生を、オーガニックチョコレートと九州産のきなこでコーティング。コク深い甘味⑤

フル～ティ

新しい名産品の登場!

さわやか五島ワイン

長崎初のワイナリーが製造する五島産ワイン。福江島で有機栽培したブドウを、五島コンカナ王国（→P.69）内の工場で醸造している。さわやかな飲み口と評判を呼んでいる。

ロゼのスパークリング、キャンベル・アーリー
3850円⑤

21

ぬくもり 雑貨

五島列島の文化をテーマにした雑貨やキュートなTシャツは、島旅の思い出にぴったり。

各320円

愛と祈りのしおり
五島列島の教会を彩るステンドグラスをしおりに。教会ごとに個性があって、全部集めたくなる！⑧

↓ゆるくてカワイイ

1833円

木製くつべら
飾り模様が美しい手作りアイテム。五島産のツバキを使用⑥

2000円

850円

つばきねこ手ぬぐい
唐草模様につばきねこと足跡をあしらったご当地手ぬぐい。カラーは4色でお値段も手頃⑩

\女子に大人気！/

各484円

ステンドグラスマスキングテープ
上五島の教会のステンドグラスをモチーフにしたテープ。手帳や手紙のアクセントに最適。全6種類⑥

つばきねこTシャツ
五島市のキャラクター、つばきねこを全面に押し出したTシャツ。キッズサイズがかわいい⑧

自分にもご近所さんにも！

絶品揃い 海の幸

豊かな海で取れる魚介は五島最大の魅力。そんな海の幸をご家庭でも召し上がれ。

1620円

2592円

奈留島の名産品！

粒うに
奈留島沿岸で取れるムラサキウニは質がよいと評判。塩以外の添加物を使わない逸品をどうぞ⑩

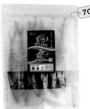

700円

鬼鯖鮨ダブル
五島沖で取れたマサバの半身を使用。ふんわりと甘酢が香る。あぶると食感が豊かに⑪

焼あご
アゴ（トビウオ）を炭火で焼いた五島名物。香りが高いアゴだしは五島うどんに欠かせない⑥

天然魚漬けセット
宇久島のアジ・マダイ・レンコダイなどを特製のたれに漬けた逸品。ご飯とマッチ⑩

3000円

各500円

海のテリーヌ
五島産の魚や野菜を練り込んだDRONTE＝DODO（→P.119）の自信作。あぶっても◎⑥

刺身用ミズイカ
むっちりと身がしまったイカは下処理済み。冷凍パックで自宅へ⑩

1870円〜

500円〜

とっても便利

食卓にも並ぶヘルシー食材

五島三菜
新鮮な大根と人参を12〜2月の強い季節風で乾燥させ、ひじきとミックスさせた健康食品。味噌汁や煮物などに使えるのでストックしておくと重宝。

378円

リピート必至の便利な食材⑥

2150円〜

かつお生節
長崎産のカツオを燻製にした島の名物。スモーキーな香りとうま味のハーモニー⑥

生からすみ
福江島はからすみの名産地。作業中に崩れた卵を瓶に詰めた贅沢みやげ！⑥

1944円

れんこ鯛一夜干し
宇久島で祝いの席に食されるレンコダイ（キダイ）。淡白で上品な味わい⑩

一品物からゆるかわアイテムまで

こだわり アクセ＆ストラップ

深海サンゴを使った貴重なアクセサリーやユニークなストラップも根強い人気を誇る。さりげなく身につけて五島をアピール。

↘ 赤サンゴは縁起モノ♪

1万6500円〜

サンゴのカフス
男女群島で30年以上前に採取されたサンゴから削り出した高級品。富江で加工されているⒷ

3万8500円〜

サンゴのネックレス
明治時代に男女群島で深海サンゴが発見されて以来、サンゴ細工が有名になった。色が赤いほど、血赤と呼ばれ価値が高いⒷ

1000円

650円

650円

850円

3万8500円

サンゴのブローチ
価値の高い赤サンゴをあしらったブローチ。どんなシーンにも合う、色あせない一生モノの宝石Ⓑ

950円

木彫りのストラップ
アジの開きと出刃包丁や教会とクロスを、手作業で仕上げたかわいらしいストラップⓀ

五島市ゆるキャラミニマスコット
五島市キャラクターの手のひらサイズのぬいぐるみ。左からバラモンちゃん、つばきねこⒹ

一生に一度の贅沢みやげ
上質な赤サンゴ
吸い込まれそうな真っ赤な赤サンゴは希少。特に五島産は色が濃い。
ペンダントトップ 324万円Ⓐ

豊かな自然の恵みが凝縮

名脇役♪ 調味料

島の食材をふんだんに使った贅沢な調味料。料理を引き立て何倍もおいしくしてくれる。

椿ドレッシング
たっぷりの椿油に自家製海水塩や香辛料をブレンド。大人の味の柚子胡椒入りもⒹ

800円

800円

1040円

HAO! ピーナッツ ペースト
小値賀島の落花生を使ったピーナッツペースト。砂糖不使用で素材の味をダイレクトに味わえるⓃ

800円

焼あごだしパック
香りがよく、深い味わいのトビウオだし。コクが豊かで煮物や汁物のダシに最適Ⓛ

648円（250g）

海水塩 五島灘の めぐみ
五島灘の海水をくみ上げ、昔ながらの平窯を使って薪で炊き上げた、うま味が凝縮した海水塩Ⓓ

1836円

580円

柚子胡椒
手作りの海水塩「五島灘のめぐみ」を使い、青唐辛子、柚子皮などを手作業で合わせた一品Ⓓ

1080円

飛魚醤油の素
上五島のトビウオを丸ごと1尾使用。醤油を注ぎ入れて2〜3日でおいしいうま味醤油のできあがりⓁ

1180円

ねぎ塩だれ かつお生節
ネギや調味料で味つけしたカツオの生節のほぐし身。ごはんやサラダと相性抜群Ⓒ

780円

五島／魚醤
五島の魚を海塩と麹で熟成させた手作りの天然調味料。青魚、白身魚、スルメイカの3種類Ⓝ

ここで買えます！

Ⓐ	出口さんご	P.57
Ⓑ	五島市観光協会売店	P.68
Ⓒ	山本海産物	P.68
Ⓓ	五島椿物産館	P.68
Ⓔ	はたなか	P.68
Ⓕ	五島ワイナリー	P.68
Ⓖ	産直市場 五島がうまい	P.68
Ⓗ	三井楽水産 鬼鯖店	P.69
Ⓘ	松風軒	P.69
Ⓙ	奈留町漁協購買部	P.77
Ⓚ	三兄弟工房	P.77
Ⓛ	新上五島町物産センター	P.94
Ⓜ	メル・カピィあおかた	P.94
Ⓝ	おぢかターミナルショップ	P.103
Ⓞ	黒潮鮮魚	P.107

島グルメ

五島列島沿岸は対馬暖流の影響を受けた好漁場で知られ、
豊かな海から水揚げされる魚介類は多種多様。
四季折々に楽しめる海の幸は、五島の大きな魅力といえる。
五島うどんをはじめ伝統文化に育まれた郷土料理も試したい。

五島の自然を五感で味わう
ピチピチ♪ 新鮮魚介

古くから漁業が盛んな五島列島。
全国に送られる前の新鮮な魚を食べられるのが島の魅力。

サザエの壺焼き 700円

長崎県はサザエの漁獲量日本一。潮の流れが速い五島のサザエは、身が締まりコリコリとした食感を楽しめる。
●葵→ P.64

カットッポ 2000円〜

ハコフグのおなかを開き、肝と味噌をあえて焼いた名物料理。秋から冬にかけてがシーズン。
●いけす割烹 心誠→ P.63

※毒はないよ！

アラカブのから揚げ 800円

アラカブとはカサゴのこと。上品な白身の魚で、まるごとからっと揚げると骨までおいしく食べられる。
●四季の味 奴→ P.63

くろかま 650円

かまぼこに黒胡椒をトッピングしたもので、お酒との相性抜群。島のおみやげにもGOOD。
●谷商店→ P.102

車エビ オドリ食い
1860円〜（3尾） ※季節商品

美しい海で養殖された車エビは、身がプリプリしていて、口の中に甘味が広がる。●いけす割烹 心誠→ P.63

タカセミナ 500円〜

五島では家庭でもよく食べられる巻貝。ゆでるだけで磯の香りが漂う逸品に。
●居酒屋菜づ菜→ P.64

シメサバ 600円

鮮度が落ちやすいサバも、島なら取れたてが食べられる。秋になると脂肪が増えておいしさアップ。
●谷商店→ P.102

\6〜7月は禁漁だよ/

キビナゴの網焼き 500円

五島では家庭の食卓にも並ぶ大衆魚。シンプルに塩を振って網で焼けば、香りのよいおつまみに。
●居酒屋菜づ菜→ P.64

人気の五島ブランド

五島は近年、海産物のブランド化に積極的。小値賀島のイサキ「値賀咲（ちかさき）」や福江島のアオリイカ「扇白水（あおりひめ）」、タチウオ「五島太刀」などが有名。
値賀咲（左）と五島ルビー（右）

握り寿司 1400円

地元で評判の寿司屋さんで、新鮮なネタを握ってもらうのも島旅の楽しみ。地魚を堪能したい。●寿司処 真寿美→ P.92

生本まぐ3丼
3000 円
若松瀬戸で養殖した本マグロを、冷凍せず生のまま提供。肉厚のトロが口の中でとろける
●遊食館→ P.98

刺身盛り（2人前）
1人前 1850 円〜
五島産を中心に肉厚に切った刺身を、立体感を出して豪快に盛った一皿
●海鮮なないろ→ P.64

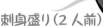

あら汁 400 円
魚をおろしたあとに残るアラを味噌汁にした、島の寿司店に欠かせない一品。白身の魚ならあっさり♪
●寿司処 真寿美→ P.92

ウツボのから揚げ
700 円
コラーゲンたっぷりのウツボは、から揚げにすると身が締まって、プリプリの食感に。
●割烹ゆう→ P.97

ヒラスのカマ 500 円〜
西日本ではヒラマサのことをヒラスと呼ぶ。コクのあるカマは、安ウマなお得メニュー。●居酒屋菜づ菜→ P.64

〈見た目もキレイ〉

キビナゴの刺身
1000 円〜
鮮度が命の小魚なので、取れたてを手開きにする職人技が必要。ポン酢や酢味噌、ショウガ醤油などで。
●いけす割烹 心誠→ P.63

醤油味の鍋料理

ウツボのたたき 1000 円
小骨が多いため、さばくのに技術がいるウツボ。淡泊だがほのかに甘味が漂う珍味。●割烹ゆう→ P.97

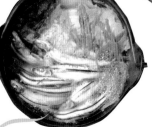

キビナのいり焼き 990 円
五島ではキビナゴのことをキビナと呼ぶことも。野菜と一緒に煮た、いり焼きは家庭でも食べられる定番の郷土料理。
●お食事処八波→ P.65

カンパチの兜焼き 800 円〜
ブリやヒラマサと並ぶ高級魚のカンパチ。脂にクセがなく淡泊で食べやすいのが魅力。●鯨波→ P.102

おなかいっぱい食べるなら海鮮ちらし！
寿司屋のランチで、握り寿司と並んで人気なのが海鮮ちらし。ネタが大ぶりなことが多くボリューミーなので、満足度が高い。

中通島の「すし処 嶋」（→ P.92）の海鮮ちらし

潮風が育む芳醇なうま味

ガッツリ! 肉料理

上質な霜降り和牛で知られる
五島牛や甘味のある
五島豚（美豚）など、
五島のブランドミートが評判。

五島牛ロースステーキ
4700円（150g）

幻の五島牛とも呼ばれる、軟らかく香ばしい黒毛和牛。脂肪分がしつこくないので、ステーキもあと味すっきり。
●和風レストラン 望月→ P.63

売り切れにご注意〜

五島牛の上カルビ 1700円
五島牛の上質なカルビは、深い肉のうま味を楽しむのに最適。焼き過ぎないように！
●味よし→ P.64

五島牛の串焼き 780円（1本）
ステーキは重過ぎる、でも五島牛は食べてみたい、という人にぴったりな串焼きも絶品。
●いけす割烹 心誠→ P.63

美豚のハム 660円
味のバランスがよい美豚は、ハムにしてもほのかに甘味を感じさせる上品な仕上がりに。●味彩→ P.93

五島牛のサイコロステーキ
2980円（150g）

ランプやイチボなどその日のおすすめの部位を溶岩プレートに乗せてアツアツで提供。おろし醤油ソースでさっぱり味わえる。
●かもめ亭→ P.93

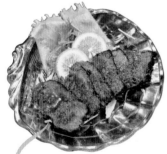

五島牛のローストビーフ
2000円〜
五島牛を蒸し焼きにし、甘味のある脂を余すことなく凝縮。酒のお供に。
●しま味彩→ P.64

クジラカツカレー
1200円
クジラのカツは身が締まり風味豊か。具材にもクジラの細切れが使用されていて濃厚な味わい。
●かっちゃん→ P.106

クジラの刺身／うね 1320円
かつてクジラ漁で栄えた上五島は、今でもクジラ料理が名物。脂がのったおなかの部分は「うね」と呼ばれる。●味彩→ P.93

クジラ料理が上五島名物って本当？
上五島の有川地区はクジラ漁で栄えた歴史があり、今でも冠婚葬祭にはクジラ料理が欠かせないそう。クジラ料理を出してくれる店も何軒か残っている。

鯨賓館にも来てネ

猪ロースの刺身 950円
季節によってはイノシシなど、なかなか食べられない珍味に出合うことも。滋養たっぷり。●海舟→ P.93

やみつき 麺料理

日本3大うどんに数えられる五島うどんや長崎名物のちゃんぽんはランチの定番メニュー。

| 店によって味が違う |

ごぼう天うどん 750円

ごぼうと油は相性抜群。香り高いごぼう天を、アゴだしの汁でほぐしながら食べるのが最高！
●五島手延うどん おっどん亭→P.66

五島肉うどん 770円

五島の定番ランチといえばこれ。五島うどんは伸びにくく、ツルツルとしたのど越しが魅力。
●うま亭→P.66

長崎ちゃんぽん 700円

長崎に行ったら外せないちゃんぽん。トンコツや鶏ガラから取ったスープに、肉や魚介から出たうま味が融合。 ●宝来軒→P.66

九州 トンコツラーメン 600円

トンコツをじっくり煮込んだ白濁スープが特徴。スルスルとすすれる細麺にスープがよく絡む。 ●宝来軒→P.66

冷やし ザルうどん 700円

地獄炊きをはじめ温かくして食べることが多い五島うどんだが、ツルツルとした食感は冷でもうまい。
●こんねこんね 調→P.65

| ランチにぴったり |

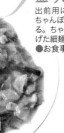

皿うどん 770円

出前用に汁を減らした長崎ちゃんぽんがルーツといわれる。ちゃんぽんの麺または揚げた細麺を使う。
●お食事処八波→P.65

| 毎日でも飽きないっ |

| おみやげにもいいよ♪ |

小値賀島で食べたい落花生

小値賀島の隣に浮かぶ納島は、12世帯のうち10世帯が落花生農家。赤土に育まれた香り豊かな落花生は全国から注文が来るそう。見つけたら試してみて！

地獄炊き 800円

グラグラ煮立った鍋から、直接うどんを取って食べるのが地獄炊き。アツアツをアゴだしや卵と一緒に。 ●竹酔亭 本店→P.94

地の素材にこだわった芳醇な酒を味わう
島の恵み 五島列島の焼酎

島の素材以外は使いません！

福江島

豊かな大地を思わせる麦と芋
五島列島酒造

五島列島酒造　杜氏
谷川友和さん

　島外の原料は一切使わない、純度100%五島産焼酎にこだわる酒造所。主原料となる麦やサツマイモはもちろん、麹にも五島産の米を使用している。芋焼酎はサツマイモの収穫が始まる秋口から仕込み始め、春頃に原酒が完成。ろ過により不純物を除いた原酒をタンクに入れて熟成させると、香ばしくまろやかな焼酎ができあがる。島内の居酒屋でもよく見かけるので飲んでみて。

MAP 折り込み① B2　**交** 福江港から車で約35分　**住** 五島市三井楽町濱ノ畔3158
電 (0959)84-3300　**時** 9:00～17:00（土曜～15:00。日曜、祝日 10:00～15:00）
料 見学無料　**休** なし　**駐車場** あり　**予約** 見学は必要　**URL** gotoretto.jp

五島麦 島限定ボトル

五島麦
720ml
1705円
白麹を使い常圧蒸留する。ブルーボトルはおみやげに◎。

900ml
1705円

五島芋 島限定ボトル

五島芋
720ml
1925円
黒麹を使い常圧蒸留した芋焼酎。甘味が口の中に広がる。

900ml
1925円

五島芋 40
720ml
4180円
化粧箱入り

五島芋のアルコール度数40度。冷やしてストレートで飲みたい。

**五島麦
五島芋**
300ml
1705円
2本セット

二条大麦を100%使った香り高い麦焼酎。2012年には福岡国税局管内酒類鑑評会で、143銘柄のうち大賞に選ばれた。島内でしか買えない限定ボトルは、900mlが720mlと同じ値段。

多くの芋焼酎は、焼酎用の品種である黄金千貫を使用している。一方で五島芋に使われるのは、五島名物かんころ餅の原料になる高系14号。フルーティでやわらかな余韻を楽しめる芋焼酎になっている。

左で紹介した、香り高い五島麦とフルーティな五島芋のセット。300mlサイズなので気軽に飲み比べたい人におすすめだ。クリアケース入りなので持ち運びやすく、おみやげに配っても喜ばれる。

工場訪問

酒蔵見学へ！
予約をすれば10トンのタンクが並ぶ蔵を見学させてくれる。仕込みがない7～8月は工場が稼働していないので注意。

製造工程を説明
焼酎の醸造工程をまとめた表をもとに、原料の処理から仕込みや瓶詰めまで必要な作業について解説してくれる。

窓から工場内を見学
工場内には入れないが、窓から見学。窓ごとに作業を解説したプレートが貼られていてわかりやすい。

やっぱり試飲が楽しみ♪
ひととおり見学が終わったら焼酎の試飲も。目の前で見た作業の完成品を味わえて幸せ。その場で購入もできる。

五島列島には2軒の酒造所があり、どちらも焼酎を醸造している。
福江島、中通島ともに島おこしの一環として設立されたため、
地元で育てられた農産物と水、そして島人が造る故郷の味が魅力だ。

中通島

農醸合一
五島灘酒造

五島灘酒造
代表取締役
田本佳史さん

「100年先も、よりよい島の風景が残り栄えてほしい」との願いを込めて、2007年に五島で初めて焼酎蔵を立ち上げた五島灘酒造。「農業は人間の原点であり、農業と焼酎造りは一体である（農醸合一）」との理念のもとに、島の甘薯（サツマイモ）生産者と協力し、島内で焼酎を造る技術を確立。焼酎造りを通して、人々の想いをつなぎ五島の風景となる「ものづくり」を目指す。

MAP 折り込み③ C4　交 有川港から車で約5分　住 南松浦郡新上五島町有川郷1394-1
電 (0959) 42-0002　時 9:00〜17:00　料 見学無料　休 土・日曜、祝日　駐車場 あり
予約 見学は必要　URL gotonada.com

五島灘 黒麹仕込み

社名を冠した看板商品。深みのある黒麹を常圧蒸留し、黄金千貫のうま味がしっかり味わえる1本になっている。濃厚なコクとともにキレのよさもあり、飽きのこない芳醇な焼酎としてファンが多い。

900ml
1419円

五島灘 紅さつま

720ml
1257円

越鳥南枝 28度

黄金千貫を白麹で仕込んだ、甘味のあるやわらかな飲み口の焼酎。減圧蒸留を採用し、すっきりと洗練された香りを楽しめる。個性的な名称は、故郷を懐かしみ慕った中国伝来の故事から取った。

720ml
1551円

五島 ブルーボトル

720ml
1404円

五島灘 白麹仕込み

900ml
1419円

白麹で仕込み、常圧蒸留したタイプ。豊かな香りが特徴。

紅さつまは焼き芋などに使われる品種で、濃厚な甘味と香りが特徴。無ろ過で仕上げるため、素材本来の甘さと、どっしりとした飲み応えを堪能できる。白麹仕込みで飲みやすい。

越鳥南枝 原酒36度

720ml
2619円

原酒をじっくり寝かせた、ストレートでおいしい1本。

上五島産の紅さつまを使った、フルーティで飲みやすい焼酎。白麹で仕込み常圧蒸留したバランスのよさが魅力。五島列島の海を思わせるブルーボトルに、ラベルのザトウクジラがよく合う。

工場訪問

酒蔵見学へ！
予約制で酒造りの見学と試飲が可能。ただし9〜12月は仕込み期のため対応できないことも。詳しくは問い合わせを。

巨大タンクにびっくり
酒蔵には芋焼酎を製造するための蒸し機や蒸留器、仕込み用のタンクなどが置かれており、内部を案内してもらえる。

じっくり試飲もOK
使う原料や施す蒸留法によって異なるさまざまな芋焼酎を用意している。飲み比べて味や香りの違いを楽しもう。

島限定
五つ星

毎年最適な原料や蒸留法を選択し、島内限定で2000本のみ販売する本格芋焼酎。その希少性からファンも多く、贈り物にも喜ばれる。

720ml
3300円

29

五島列島の教会を巡る

弾圧に耐え信仰を守り続けた人々の希望

日本におけるキリスト教布教の中心地、長崎

　日本のキリスト教の歴史は、1549年のフランシスコ・ザビエル来日に始まる。その後、日本初のキリシタン大名大村純忠が長崎港を開き、長崎には多くの教会や関連施設が建てられた。五島列島では1566年、五島領主の宇久純定が招いた修道士アルメイダとロレンソとともにキリスト教が伝来。純定の子、純堯も洗礼を受けるなど、福江島を中心にキリスト教が広まった。

アルメイダの布教を描いた堂崎教会のレリーフ

厳しい弾圧にさらされた五島列島の信者たち

　豊臣秀吉が発布した伴天連追放令によって、日本のキリシタン弾圧は激しさを増す。1597年には長崎で二十六聖人殉教事件が起こり、五島出身のヨハネ草庵も殉教。一度は絶えたと思われた五島のキリシタンだが、大村藩からの移住者が密かに信仰を守り続けた。しかし1868年、久賀島で信仰を告白したキリシタンへの牢屋の窄殉教事件が起こり、42人が亡くなった。

約200人の信者を投獄した牢屋の窄殉教地

禁教が解かれるとともに教会建築が盛んに

　欧米からの非難を受け1873年にキリシタン禁制の高札が撤廃されると、信者たちは長く続いた迫害を許し、ようやく得た信仰の自由の喜びを教会建築という形で表現した。五島列島に立つ多くの教会も、信者たちが豊かとはいえない暮らしのなかから、財産や労力をささげてできたもの。五島の自然環境に溶け込んだ教会は、迫害を耐え抜き信仰を守った人々の希望の証だ。

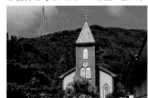
上五島の布教の中心となった旧鯛ノ浦教会堂

voice 教会には聖体の象徴である麦や純潔を表す白百合、三位一体のクローバーといった意匠がよく使われる。さらに五島ではツバキをモチーフにした装飾やステンドグラスが見られるので探してみるとおもしろい。

壮絶な迫害のなか、命がけで信仰を守った五島列島のキリスト教信徒たちは、
禁教が解けるとともに、自分たちの教会を建設することに力を注いだ。
五島列島をはじめ長崎の潜伏キリシタン関連遺産は、2018年7月に世界遺産に登録された。

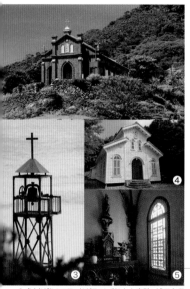

教会建築の基礎知識

外部

尖塔・鐘塔（せんとう・しょうとう）
細長い尖塔はゴシック建築の教会によく見られる。鐘塔は教会脇に建てられる。

薔薇窓
正面に作られた、ステンドグラスを張った円形の小窓。

キリスト像
教会の入口では、キリスト像やマリア像が信者を迎えてくれる。

外壁
木造やれんが造り、石組み、鉄筋コンクリートなど多彩。

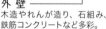

ルルド
聖母マリアが示した聖なる泉を模し、小さな泉を配している。

1. 色とりどりのステンドグラスに彩られた青砂ヶ浦天主堂
2. 野崎島の高台に立つ旧野首教会　3. 2010年に再建された江袋教会の鐘塔　4. 緑の木々に守られた木造の江上天主堂　5. 青砂ヶ浦天主堂の静謐な空間

教会見学のマナー

一．厳粛な雰囲気を心静かに感じて

二．入口の聖水盤には触らない

三．祭壇がある内陣には入らない

四．内部の撮影は基本的に禁止

五．装飾品、聖具には触らない

六．ミサ中は入堂しない

七．肌を露出し過ぎない服装で

八．教会内部は飲食NG、禁煙

内部

天井
船底のような折上天井やゴシック様式のコウモリ天井が有名。

十字架の道行
捕縛から磔刑、埋葬までを描いたキリストの受難の聖画。

祭壇
内陣中央の最も神聖な場所。ミサ中は聖体を安置。

ステンドグラス
色ガラスを組み合わせ、模様や絵を表現。ゴシック建築に見られる。

柱頭
天井を支える柱に施された彫刻のこと。教会によってさまざまなデザインが。

身廊（しんろう）
教会の入口から奥の内陣までの中央部分。

教会建築の父、鉄川与助
新上五島町出身の建築家で、五島をはじめ各地の教会を建造する。教会建築の第一人者といわれ、近代建築史のなかでも高い評価を受けている。

 五島列島は、言わずと知れた潜伏キリシタンの島。五島列島に残る教会は、その風景と相まって独特な雰囲気をもっていて、信者たちの信仰心を伝え続けていることがわかりました。
（兵庫県　ソフィアパラさん）

五島列島の教会51

五島列島全域に点在する教会は、信者の心のよりどころ。歴史を学び、ルールやマナーを守って拝観しよう。

長崎と天草地方の潜伏キリシタン関連遺産とは？

「長崎と天草地方の潜伏キリシタン関連遺産」は、戦国時代に日本に伝わったキリスト教が4世紀にわたって歩んだ歴史の証。華やかな時代を経て、禁教令による弾圧から潜伏、そして復活まで世界的にも貴重な信仰の歴史を、城跡や教会、文化的景観が伝えている。五島列島の4つの集落を含む関連遺産は、2018年7月にユネスコの世界遺産に登録された。

【野崎島】

世界遺産

❶ 旧野首教会
きゅうのくびきょうかい

野崎島の集落跡が世界遺産に！

禁教令下の野崎島では、野首と舟森集落の五十数人全員が平戸に護送され、激しい拷問を受けた。改宗を受け入れた島民は、1873年の禁教令撤廃で信仰の自由を手に入れ木造の教会を建設。さらに野首集落では17世帯が資金を蓄え、1908年にれんが造りの旧野首教会を建てた。潜伏時代の様子を伝えるこれらの集落跡が、世界遺産に登録されている。

MAP 折り込み② D2 **交** 野崎島から徒歩約20分 **住** 野崎島内→P.81 **時** 9:00～14:00 **休** 町営船運休日 **料** なし **予約** 必要※1に問い合わせ
※修繕工事中。2025年6月完了予定

上／丘の上から集落跡を見守る赤れんがの教会
左下／鉄川与助の設計・施工により建てられた
右下／堂内の美しいリブ・ヴォールト天井

【小値賀島】

❷ 小値賀教会
おぢかきょうかい

旧舟森集落のマリア像を配した民家風教会。

MAP 折り込み② B2 **交** 小値賀港から徒歩約20分 **住** 北松浦郡小値賀町笛吹郷字団地2679-1 ※1に問い合わせ **駐車場** あり

【中通島】

❸ 米山教会
こめやまきょうかい

島北端に立つ。最後の晩餐のレリーフが見事。

MAP 折り込み③ C1 **交** 有川港から車で約1時間 **住** 南松浦郡新上五島町津和崎郷589-14 **時** 9:00～17:00 15:30～（ミサ） **駐車場** あり

【中通島】

❹ 仲知教会
ちゅうちきょうかい

五島の漁師を描いたステンドグラスが特徴的。

MAP 折り込み③ C1 **交** 有川港から車で約50分 **住** 南松浦郡新上五島町津和崎郷991 **時** 9:00～17:00 **休** 日曜8:00～（ミサ） **駐車場** あり

【中通島】

❺ 赤波江教会
あかばえきょうかい

斜面の中腹にたたずむ赤い尖塔が印象的。

MAP 折り込み③C1 **交** 有川港から車で約50分 **住** 南松浦郡新上五島町立串郷1899 **時** 9:00～17:00 **休** 第2・4日曜9:00～（ミサ） **駐車場** あり

【中通島】

❻ 江袋教会
えぶくろきょうかい

木造の素朴な教会堂。内部もシンプルな造り。

MAP 折り込み③ C2 **交** 有川港から車で約45分。または❺江袋教会から徒歩約3分 **住** 南松浦郡新上五島町曽根郷195-2 **時** 9:00～17:00 **駐車場** なし

【中通島】

❼ 小瀬良教会
こぜらきょうかい

道路脇の高台に立つこぢんまりとした教会。

MAP 折り込み③ C2 **交** 有川港から車で約35分 **住** 南松浦郡新上五島町立串郷1351 **時** 9:00～17:00 **休** 第3・5日曜10:00～（ミサ） **駐車場** なし

【中通島】

❽ 大水教会
おおみずきょうかい

豊かな自然に包まれたモダンなデザイン。

MAP 折り込み③ C2 **交** 有川港から車で約35分 **住** 南松浦郡新上五島町新上郷411 **時** 9:00～17:00 **休** 第2・4日曜10:00～（ミサ） **駐車場** あり

【中通島】

❾ 曽根教会
そねきょうかい

五島灘と東シナ海を一望する高台に立つ。

MAP 折り込み③ C2 **交** 有川港から車で約30分 **住** 南松浦郡新上五島町小串郷1028 **時** 9:00～17:00 **休** 日曜8:00～（ミサ） **駐車場** あり

【中通島】

❿ 青砂ヶ浦天主堂
あおさがうらてんしゅどう

上五島の信仰の中心を担う国指定重要文化財。

MAP 折り込み③C3 **交** 青方港から車で約10分。または青砂ヶ浦教会から守く **住** 南松浦郡新上五島町奈摩郷1241 **時** 9:00～17:00 **休** 日曜9:00～（第2日曜は7:00～、ミサ） **駐車場** あり

【中通島】

⓫ 冷水教会
ひやみずきょうかい

高台にそびえる尖塔が印象的な清らかな教会。

MAP 折り込み③ B3 **交** 青方港から車で約10分 **住** 南松浦郡新上五島町網上郷623-2 **時** 9:00～17:00 **休** 第2日曜9:00～（ミサ） **駐車場** なし

【中通島】

⓬ 丸尾教会
まるおきょうかい

有川湾を望む高台に立つ1972年建設の教会。

MAP 折り込み③ C3 **交** 有川港から車で約15分 **住** 南松浦郡新上五島町丸尾郷940 **時** 9:00～17:00 **休** 日曜8:00～（ミサ） **駐車場** あり

【中通島】

⓭ 青方教会
あおかたきょうかい

2000年に建て替えられた存在感のある建物。

MAP 折り込み④ **交** 有川港から車で約20分 **住** 南松浦郡新上五島町青方郷511-1 **時** 9:00～17:00 **休** 日曜8:00～（ミサ） **駐車場** あり

※1 おぢかアイランドツーリズム（→P.35）　※2 長崎と天草地方の潜伏キリシタン関連遺産インフォメーションセンター（→P.35）

voice 五島列島の潜伏キリシタンたちは、神父のいない状況のなか組織内に指導系統をもっていたという。神父役の帳方（ちょうかた）、洗礼を授ける水方（みずかた）、連絡係の取次役（とりつぎやく）の三役が中心になって信仰を守り続けた。

中通島
⑭ 鯛ノ浦教会
たいのうらきょうかい

旧鯛ノ浦教会堂は資料館に

隣接した旧鯛ノ浦教会堂は上五島布教の中心。
MAP 折り込み③ C4 **交** 有川港から車で約10分 **住** 南松浦郡新上五島町鯛ノ浦 326 **時** 9:00〜17:00 **休** 日曜 8:30〜（ミサ）**駐車場** あり

教会では静かに♪

小値賀島

野崎島

頭ヶ島

中通島

有福島

若松島

奈留島

久賀島

嵯峨島

福江島

教会巡りが楽しくなる
巡礼スタンプ

カトリック長崎大司教区認定の巡礼手帳に、教会堂に用意されたスタンプを押して思い出にしよう！

上／教会のスタンプが巡りの記念に 左／スタンプは教会の入口付近にある

五島巡礼手帳
巡礼手帳（スタンプ帳）と巡礼地図がセットになって 1000 円

中通島
⑮ 大曽教会
おおそきょうかい

八角ドーム型の鐘楼や2色の外観が特徴。
MAP 折り込み③ B4 **交** 青方港から車で約5分 **住** 南松浦郡新上五島町青方郷 2151-2 **時** 9:00〜17:00 **休** 日曜 9:00〜（ミサ）**駐車場** なし

中通島
⑰ 跡次教会
あとつぎきょうかい

眼下に洋上の石油備蓄基地を眺められる。
MAP 折り込み③ B4 **交** 奈良尾港から車で約25分 **住** 南松浦郡新上五島町三日ノ浦郷 1 付近 **時** 9:00〜17:00 **休** なし **駐車場** あり

世界遺産
頭ヶ島
⑯ 頭ヶ島天主堂
かしらがしまてんしゅどう

頭ヶ島の集落が世界遺産に！

多くの潜伏キリシタンが移住した頭ヶ島。1868 年のキリシタン弾圧時には、おもだった信者が捕縛され拷問を受けた。禁教令撤廃により頭ヶ島では木造の教会を建設。さらに 10 年という歳月をかけ 1919 年に砂岩造りの重厚な教会を完成させる。これら信仰の歴史を伝える集落跡が世界遺産に登録された。

MAP 折り込み③ D3 **交** 有川港から車で約20分。または⚓頭ヶ島から徒歩約5分 **住** 南松浦郡新上五島町友住郷頭ヶ島 638-1 **時** 9:30〜17:00 **休** 第 2・4 日曜は 15:00〜17:00（ミサ）**駐車場** あり **予約** 必要※2に問い合わせ

上／近くの島から石を切り出し、信者が運んだ
左下／花柄の模様が施された花の御堂とも呼ばれる
右下／天主堂の前にはキリシタン墓地が広がる

中通島
⑱ 猪ノ浦教会
いのうらきょうかい

老朽化により 1989 年に建て替えられた。
MAP 折り込み③ A4 **交** 青方港から車で約20分 **住** 南松浦郡新上五島町続浜ノ浦猪ノ浦 681 付近 **時** 9:00〜17:00 **休** なし **駐車場** あり

中通島
⑲ 焼崎教会
やけざききょうかい

創始時は伝道学校、初代教会は 1950 年建立。
MAP 折り込み③ A4 **交** 有川港から車で約30分 **住** 南松浦郡新上五島町飯ノ瀬戸郷 697 **時** 9:00〜17:00 **休** なし **駐車場** あり

中通島
⑳ 真手ノ浦教会
まてのうらきょうかい

道土井湾を望む場所に立つモダンな教会。
MAP 折り込み③ B4 **交** 有川港から車で約30分 **住** 南松浦郡新上五島町今里郷 495-2 **時** 9:00〜17:00 **休** 日曜 9:00〜（ミサ）**駐車場** あり

中通島
㉑ 佐野原教会
さのはらきょうかい

五島では珍しく、海の見えない山の奥に立つ。
MAP 折り込み③ B4 **交** 有川港から車で約20分 **住** 南松浦郡新上五島町東神ノ浦郷 188 付近 **時** 9:00〜17:00 **休** なし **駐車場** あり

中通島
㉒ 船隠教会
ふなかくしきょうかい

豊かな緑を背景にした赤い屋根が際立つ。
MAP 折り込み③ C5 **交** 有川港から車で約25分 **住** 南松浦郡新上五島町東神ノ浦郷船隠 48-11 **時** 9:00〜17:00 **休** 第 2 金曜 16:30〜、第 2・4 土曜 16:30〜（ミサ）**駐車場** あり

開国をきっかけに、パリ外国宣教会の神父たちが来日。長崎外国人居留地に建てられた大浦天主堂では、浦上の潜伏キリシタンが信仰を告白した。日本のキリスト教は絶えたと思われていたため、長崎の信徒発見は世界宗教史上の奇跡と呼ばれた。

中通島
㉓ 浜串教会
はまくしきょうかい

1966 年に海の近くに建てられた 2 代目の教会。

MAP 折り込み③ B5　交 奈良尾港から車で約 15 分　住 南松浦郡新上五島町岩瀬浦郷 724　時 9:00 〜 17:00
休 なし　駐車場 あり

中通島
㉔ 中ノ浦教会
なかのうらきょうかい

入江に面した教会。花の装飾がかわいい。

MAP 折り込み③ B5　交 奈良尾港から車で約 25 分　住 南松浦郡新上五島町宿ノ浦郷中ノ浦 985　時 9:00 〜 17:00
休 最終日曜 9:00 〜 (ミサ)　駐車場 あり

中通島
㉕ 若松大浦教会
わかまつおおうらきょうかい

民家を買い取り教会にした素朴なたたずまい。

MAP 折り込み③ B5　交 奈良尾港から車で約 10 分　住 南松浦郡新上五島町宿ノ浦郷 715 付近
時 9:00 〜 17:00　休 なし　駐車場 あり

中通島
㉖ 福見教会
ふくみきょうかい

高い船底天井と左右のステンドグラスが特徴。

MAP 折り込み③ B6　交 奈良尾港から車で約 15 分　住 南松浦郡新上五島町岩瀬浦郷　時 9:00 〜 17:00
休 日曜 9:00 〜 (ミサ)　駐車場 あり

中通島
㉗ 高井旅教会
たかいたびきょうかい

100 人の潜伏キリシタンが帰依し聖堂を建立。

MAP 折り込み③ B6　交 奈良尾港から車で約 5 分　住 南松浦郡新上五島町奈良尾郷 957 付近
時 9:00 〜 17:00　休 なし　駐車場 あり

中通島
㉘ 桐教会
きりきょうかい

丘の上に立つ赤い屋根がかわいらしい教会堂。

MAP 折り込み③ B6　交 奈良尾港から車で約 10 分　住 南松浦郡新上五島町桐古里郷 357-4　時 9:00 〜 17:00　休 日曜 9:00
〜 (最終日曜 7:00 〜、ミサ)　駐車場 あり

若松島
㉙ 大平教会
おおびらきょうかい

樹林と若松瀬戸に挟まれた美しい白亜の建物。

MAP P.96C1　交 奈良尾港から車で約 30 分　住 南松浦郡新上五島町西神ノ浦郷 82　時 9:00 〜 17:00　休 なし
駐車場 あり

有福島
㉚ 有福教会
ありふくきょうかい

平天井や漆喰の壁など純和風の木造教会。

MAP P.96A1　交 奈良尾港から車で約 35 分　住 南松浦郡新上五島町有福郷 580　時 9:00 〜 17:00　休 土曜 16:00
〜 (ミサ)　駐車場 あり

若松島
㉛ 土井ノ浦教会
どいのうらきょうかい

旧大曽教会を買い受けて改築した木造の教会。

MAP P.96C3　交 奈良尾港から車で約 30 分　住 南松浦郡新上五島町若松郷 853　時 9:00 〜 17:00
休 日曜 9:00 〜 (ミサ)　駐車場 あり

奈留島
㉜ 江上天主堂
えがみてんしゅどう

世界遺産

江上集落が世界遺産に!

1797 年、大村藩から潜伏キリシタン 4 家族が江上集落に移住。奈留島では禁教令撤廃後も、潜伏時代の信仰形態のままのカクレキリシタンが多かったが、江上集落でも信者がカトリック教会に戻ったのは 1881 年のこと。1918 年にはクリーム色の外観と水色の窓枠が印象的な江上天主堂が建てられた。歴史を語る集落は世界遺産に登録されている。

MAP P.74A2　交 奈留港から車で約 15 分　住 五島市奈留町大串 1131-2　時 9:00〜12:00、13:00〜15:30　休 月曜 (祝日の場合は翌日)、第 3 日曜　駐車場 あり　予約 必要
※2に問い合わせ

上／キビナゴ漁などで貯めた資金で建てられた
左下／リヴ・ヴォールト天井の厳かな雰囲気
右下／森林に囲まれたメルヘンチックな天主堂

奈留島
㉝ 奈留教会
なるきょうかい

大村藩からの移住者が中心となって建設。

MAP P.74B2　交 奈留港から徒歩約 20 分　住 五島市奈留町浦 395
時 9:00 〜 17:00　休 日曜 8:30 〜 (7 〜 9 月 7:00 〜、ミサ)　駐車場 あり

久賀島
㉞ 牢屋の窄殉教記念教会
ろうやのさこじゅんきょうきねんきょうかい

五島崩れのきっかけとなった殉教地に立つ。

MAP P.71B2　交 田の浦港から車で約 15 分　住 五島市久賀町大開　時 9:00 〜 17:00　休 第 3 日曜 9:30 〜 (ミサ)
駐車場 なし

久賀島
㉟ 五輪教会
ごりんきょうかい

1985 年建立の五島市で最も新しい素朴な教会。

MAP P.71C2　交 田の浦港から車で約 40 分＋徒歩約 10 分　住 五島市蕨町五輪　時 9:00 〜 17:00　休 第 1 日曜 10:00 〜 (ミサ)　駐車場 800m 手前にあり

久賀島
㊲ 浜脇教会
はまわききょうかい

五島初の鉄筋コンクリート造りの堅牢な建物。

MAP P.71A3　交 田の浦港から徒歩約 10 分　住 五島市田ノ浦町 263　時 9:00 〜 17:00　休 第 1・3・5 日曜 8:00 〜 (ミサ)　駐車場 あり

福江島
㊳ 半泊教会
はんとまりきょうかい

アイルランドからの浄財も使った民家風建物。

MAP 折り込み① C1　交 福江港から車で約 30 分　住 五島市戸岐町半泊 1223　時 9:00 〜 17:00 (冬季〜 16:00)　休 なし　駐車場 あり

voice< キリシタンへの弾圧「五島崩れ」は、久賀島の牢屋の窄殉教事件から始まった。20㎡ほどの牢に 8 ヵ月間閉じ込められた約 200 人の信者たちは、汚物にまみれ横にもなれない悲惨な状況だったという。この弾圧で幼い子供を含めた 42 人が殉教した。

久賀島

㊱ 旧五輪教会堂
きゅうごりんきょうかいどう

世界遺産

久賀島の集落が世界遺産に!

禁教令後、久賀島には大村藩から多くの潜伏キリシタンが移住した。五島全域で起きたキリシタン弾圧「五島崩れ」の際には、久賀島でも子供を含む42人が死亡。それをきっかけに外交問題へと発展し、禁教令の撤廃へとつながった。旧五輪教会堂は1881年に建てられた浜脇教会を移築したもの。これらの歴史を物語る証拠として、集落が世界遺産に登録されている。

MAP P.71C2 **交** 田ノ浦港から車で約40分＋徒歩約15分 **住** 五島市蕨町993-11 **時** 8:30〜16:30 **料** 800m手前にあり **予約** 必要※2に問い合わせ

上／解体の危機を乗り越え重要文化財に指定
左下／和風の外観とゴシック様式の内観が特徴
右下／堂内は木造建築ならではのぬくもりが漂う

福江島

㊴ 宮原教会
みやばらきょうかい

民家を思わせるシンプルで素朴なたたずまい。

MAP 折り込み①D1 **交** 福江港から車で約20分 **住** 五島市戸岐町773-2 **時** 9:00〜17:00 **休** 第2・4日曜13:00〜(ミサ) **駐車場** あり

福江島

㊵ 堂崎教会
どうざききょうかい

資料館を併設した五島市の布教の重要拠点。

MAP 折り込み①D1 **交** 福江港から車で約15分 **住** 五島市奥浦町堂崎2019 **時** 9:00〜17:00(冬季→16:00) **休** なし **料** 300円 **駐車場** あり

福江島

㊶ 浦頭教会
うらがしらきょうかい

ノアの方舟をモチーフにしたモダンな建造物。

MAP 折り込み①D2 **交** 福江港から車で約10分 **住** 五島市平蔵町2716 **時** 9:00〜17:00 **休** 日曜8:00〜(第1日曜をのぞく、ミサ) **駐車場** あり

福江島

㊷ 福江教会
ふくえきょうかい

1962年の大火で焼失を免れた復興の象徴。

MAP P.58A2 **交** 福江港から徒歩約10分 **住** 五島市末広町3-6 **時** 9:00〜17:00 **休** 日曜9:00〜(ミサ) **駐車場** あり

福江島

㊸ 旧繁敷教会
きゅうしげじききょうかい

緑が覆う山道の先に立つ。2021年に閉堂に。

MAP 折り込み①C3 **交** 福江港から車で約30分 **住** 五島市富江町繁敷道蓮寺 **時** 9:00〜16:00 ※外観の見学のみ **休** なし **駐車場** あり

福江島

㊹ 水ノ浦教会
みずのうらきょうかい

被昇天の聖母にささげられた白亜の清楚な教会。

MAP 折り込み①C2 **交** 福江港から車で約30分 **住** 五島市岐宿町岐宿1644 **時** 9:00〜16:00 **休** 奇数週日曜8:30〜(ミサ) **駐車場** あり

福江島

㊺ 楠原教会
くすはらきょうかい

赤れんがを積み上げたゴシック様式の典型。

MAP 折り込み①C2 **交** 福江港から車で約30分 **住** 五島市岐宿町楠原 **時** 9:00〜16:00 **休** 偶数週日曜8:30〜(ミサ) **駐車場** あり

福江島

㊻ 打折教会
うちおりきょうかい

海辺にたたずむ切妻屋根の素朴な教会。

MAP 折り込み①B2 **交** 福江港から車で約30分 **住** 五島市岐宿町川原打折 **時** 9:00〜16:00 **休** 第1・3日曜10:30〜(ミサ) **駐車場** なし

福江島

㊼ 三井楽教会
みいらくきょうかい

ボランティアによるステンドグラスが美しい。

MAP 折り込み①B1 **交** 福江港から車で約40分 **住** 五島市三井楽町岳1420 **時** 9:00〜17:00 **休** 日曜7:30〜(ミサ) **駐車場** あり

福江島

㊽ 貝津教会
かいつきょうかい

カラフルなステンドグラスがぬくもりを演出。

MAP 折り込み①B2 **交** 福江港から車で約40分 **住** 五島市三井楽町貝津458 **時** 9:00〜17:00 **休** なし **駐車場** あり

嵯峨島

㊾ 嵯峨島教会
さがのしまきょうかい

1918年創建の教会を改修しながら守り続ける。

MAP 折り込み①A2 **交** 嵯峨島桟橋から徒歩約10分 **住** 嵯峨島内→P.59 **時** 9:00〜17:00 **休** 第1・3日曜10:00〜(ミサ) **駐車場** あり

福江島

㊿ 玉之浦教会
たまのうらきょうかい

閑静な住宅地にたたずむかわいい尖塔が目印。

MAP 折り込み①A3 **交** 福江港から車で約1時間5分 **住** 五島市玉之浦町玉之浦622-1 **時** 9:00〜17:00 **休** なし **駐車場** あり

福江島

51 井持浦教会
いもちうらきょうかい

日本で最初のルルドをもつれんが造りの教会。

MAP 折り込み①A3 **交** 福江港から車で約1時間 **住** 五島市玉之浦町玉之浦1243 **時** 9:00〜17:00 **休** 第2・4日曜8:30〜(ミサ) **駐車場** あり

問い合わせ先一覧

ながさき巡礼 **問** 長崎巡礼センター ☎(095)893-8763
五島市の教会 **問** 五島市観光協会→P.134
新上五島町の教会 **問** 新上五島町観光物産協会 ☎(0959)42-0964
※1 おぢかアイランドツーリズム ☎(0959)56-2646
※2 長崎と天草地方の潜伏キリシタン関連遺産インフォメーションセンター ☎(095)823-7650
URL kyoukaigun.jp

五島 島人インタビュー
Islanders' Interview

趣味のように始めた木工細工が
あれよあれよという間に人気商品に！

左／好きな文字を
彫ってもらえる
右／左から勝幸さん、広春さん、信広、義信さん

三兄弟工房　葛島 義信さん、広春さん、信広さん、勝幸さん
（くずしま よしのぶ ひろはる のぶひろ かつゆき）

奈留島の三兄弟が作る
アジの開きが評判に

アジの開きと出刃包丁、ハコフグ、教会など、個性的な木製ストラップを作成する三兄弟工房。切り盛りするのは「こだわり派の長男」義信さん、「アイデアマンの次男」広春さん、「センスがキラリと光る三男」信広さんに加え、「新しもの好きの長男の長男」勝幸さんの4人。2017年より勝幸さんが工房担当として加わり、三兄弟工房+1として、にぎやかに活動している。

「僕ら三兄弟の本業は大工なんです

左／いちばん人気はアジの開きと出刃包丁を
セットにした「五島でばヒラキ」。丸みを帯び
たハコフグもかわいい　右／木を使ったぬく
もりのあるストラップは、島らしいおみやげ

よ。でも人口が減っている島で仕事が少なくなるなか、半分趣味で作り始めたのがこのストラップなんです」と義信さん。おみやげが少ない奈留島で何か喜ばれるものを作れないかと考えたストラップは、本人たちの予想を超えて好評を博す。

「最初はもらってくれればいいと考えていたのですが、思った以上に評判がよくて。2010年にはごとう新おみやげ発掘コンテストで商品の部2位に選んでいただきました」

テレビにも取り上げられた三兄弟工房の作品は島民にも喜ばれ、観光客からの注文が殺到。奈留島を代表するおみやげになっている。

自分だけの一品が作れる
木工体験もおすすめ

「注目されるきっかけは、アジの開きをモチーフにした五島でばヒラキですが、それ以外にも新しい商品を考えています」とさまざまな木工商品を見せてくれた義信さん。

四角い板に浮彫のような細工をしたストラップや、五島市のイメージ

キャラクターのストラップ、五島産のツバキで製作した靴べらなどアイデアが光るアイテムが揃う。

工房では商品の販売だけではなく、木工体験も受け付けている。

「木の魚は用意しておくので、イラストを描いて焼くだけ。30分〜1時間でできますよ。名入れもするので、世界にひとつだけのおみやげができるんです」と義信さんは言う。目下の悩みは、工房の存在が知られるようになって、大工仕事との両立が大変になってきたことだそう。

「最近は勝幸が工房にいるので、お客様をお待たせすることは少なくなりました。ただ、全員で外出することもあるので、いらっしゃる際は、事前にお電話をいただければ確実です。勝幸のアイデアで作ったコースターやイヤリングも好評です。ぜひ足を運んでください」

三兄弟工房→ P.77

タイプ別、おすすめルートをご紹介

五島列島の巡り方
Recommended Routes

個性的な島々に多彩な見どころが点在する五島列島。

効率的にいろいろ見て回るのか、テーマを絞って観光するのか、

旅スタイルによって異なるベストルートをご提案。

効率的に回る、いいとこ取り

弾丸! ぐるり福江島

1泊2日

観光のメインとなる福江島を、ドライブを楽しみながら1泊2日で巡るシンプルプラン。主要な観光スポットはだいたいカバーできるので初めての五島旅行におすすめ。

1日目 雄大な自然に触れる南部をドライブ

総距離 95km

1 10:40 大瀬埼灯台を望む
2 11:10 井持浦教会を拝観
3 12:30 ランチはろばた焼き!
4 14:00 香珠子海水浴場へ
5 15:30 明星院を拝観する
6 17:00 早めの夕ご飯
7 20:00 鬼岳で星空観賞

五島名物
カットッポ!

五島椿物産館の
ソフトクリーム♪

2日目 北部の絶景をたっぷり満喫!

総距離 90km

8 8:45 美景の高浜海水浴場
9 9:35 頓泊海水浴場で休憩
10 11:00 美麗な教会を見学
11 11:45 岐宿で魚介ランチ
12 12:55 城岳展望所へ上る
13 13:25 れんがの楠原教会へ
14 14:25 荘厳な堂崎教会へ
15 15:30 武家屋敷通り経由で港へ

五島はツバキ
の名産地!

魚籃観音に航海の
安全と大漁を祈る

1日目 10:40 車で10分 → 11:10 車で50分

1 福江島随一の絶景 大瀬埼灯台を望む

紺碧の海に突き出した岬の先端に立つ大瀬埼灯台。展望台からのパノラマビューに圧倒される。→ P.59

福江港から出発〜!

駐車場から徒歩20分ほどで灯台まで行ける

2 ルルドで有名な 井持浦教会を拝観

フランスから取り寄せた聖水により、日本で最初にルルドが造られたのが井持浦教会。教会裏にはマリア像が。→ P.35

ルルドは奇跡の泉で知られる巡礼地

→ 17:00 車で20分 → 20:00

6 福江の町に出て、夕ご飯に郷土料理を!

お待ちかねのディナーは五島の郷土料理が揃う「いけす割烹 心誠」でのんびり。旬の魚介を味わえる。→ P.63

ハコフグやキビナゴなど名物料理が揃う

7 鬼岳天文台で 満天の星にうっとり

夕食を楽しんだら一度ホテルに戻り、天気を確認して鬼岳天文台へ。口径60cmの望遠鏡で星を観賞。→ P.55

肉眼でもきらめく天の川がはっきり!

→ 11:45 車で10分 → 12:55 車で10分

11 民宿併設の食事処で 新鮮魚介のランチを

料理自慢の「民宿あびる」は1階が予約制の食事処になっている。刺身を中心としたコースを食べられる。→ P.65

おいしい五島の魚をリーズナブルに味わう

12 城岳展望所へ上って 岐宿の美景を眺める

第一城岳展望所からは、福江島北部と上五島の島々を眺められる。今、通ってきた岐宿の町も一望。→ P.60

城岳という名はかつて城があったことに由来

福江島

福江港

福江空港

富江湾

→ P.132

プランニングのコツ

広い島内、レンタカーは必須！

福江島や中通島は見どころが全域に広がっているので、車で自由に回るのがベスト。ガソリン車のほか電気自動車も用意されている。→ P.132

12:30 ── 徒歩3分 🚶 ──▶ **14:00** ── 車で20分 🚗 ──▶ **15:30** ── 車で7分 🚗 ──▶

3 五島の食材満載のろばた焼きランチ

五島産の肉や魚介を、囲炉裏で焼いて味わえる「椿茶屋」でランチ。おみやげは隣接の五島椿物産館へ。→ P.65

要予約！

無農薬にこだわった五島の野菜も好評

4 香珠子海水浴場でゆったりひと休み

香珠子海水浴場はアクセス良好の人気ビーチ。真っ白な砂浜とソーダ色の海は南国リゾートのよう。→ P.54

夏は海の家も営業している

5 歴史ある木造建築明星院を拝観する

明星院は五島最古の木造建築物。五島藩絵師、大坪玄能の花鳥画で埋め尽くされた格天井が芸術的！ → P.62

天井に121枚の花鳥図が描かれている

2日目 **8:45** ── 車で5分 🚗 ──▶ **9:35** ── 車で20分 🚗 ──▶ **11:00** ── 車で5分 🚗 ──▶

8 高台の展望所から高浜海水浴場を一望

魚籃観音が立つ高台の展望所から、島随一の美しさを誇る高浜海水浴場を望む。ビーチへは車で約5分。→ P.54

夏は海水浴を楽しむ観光客でいっぱいに

9 広々とした砂浜の頓泊海水浴場でのんびり

高浜海水浴場からさらに進むと、湾の奥に頓泊海水浴場が。潮が引くと広々とした砂浜が姿を現す。→ P.54

遠浅のビーチ♪

隠れ家風のビーチは地元でもファンが多い

10 壮麗なふたつの教会を敬虔な気持ちで拝観

貝殻のモザイク壁画が印象的な三井楽教会を見学したら、車で20分ほど走り尖塔が美しい水ノ浦教会へ。→ P.35

水ノ浦教会は映画『くちびるに歌を』の舞台

13:25 ── 車で40分 🚗 ──▶ **14:25** ── 車で20分 🚗 ──▶ **15:30**

13 赤れんが造りの楠原教会を拝観

1912年に建てられた楠原教会は、れんが造りの建物が青空に映え美しい。堂内のコウモリ天井が印象的。→ P.35

信徒が協力して建てたゴシック様式の教会

14 福江のシンボル堂崎教会を拝観

五島市の布教の拠点となった堂崎教会。ステンドグラスから光が差し込む堂内には資料館が併設される。→ P.35

れんが造りの建物は県の有形文化財

15 情緒漂う武家屋敷通りから港へ

五島藩士が住んでいた武家屋敷通り経由で福江港へ。溶岩塊を積んだ石組みの塀が連なる。→ P.50

おみやげは港で！

福江は江戸時代、五島藩の城下町だった

自然に恵まれたふたつの島に滞在

2泊3日

のんびり中通島&小値賀島

優美で個性的な教会が集まる中通島と、古民家ステイで注目される小値賀島。
2島滞在は船の移動が必要なので、スケジュールを詰め過ぎないのがポイント！

1日目 絶景ビューを求めて中通島の北部を回る

- ① 10:00 まずは蛤浜海水浴場
- ② 11:10 冷水教会を拝観
- ③ 11:30 矢堅目公園で休憩
- ④ 12:05 地魚たっぷりランチ
- ⑤ 13:15 高台の教会を見学
- ⑥ 13:45 椿油作りにチャレンジ
- ⑦ 19:00 夕食はイタリアン

新鮮魚介をご堪能あれ〜♪

有川港にはザトウクジラのオブジェが

2日目 午前中は中通島、午後は小値賀島へ

- ⑧ 9:30 頭ヶ島天主堂を見学
- ⑨ 13:30 ランチはチキン南蛮
- ⑩ 14:30 歴史民俗資料館へ
- ⑪ 16:00 神秘のポットホール
- ⑫ 19:00 人気の居酒屋ディナー

小値賀島の名物、落花生！

牛に注意

牛の多い小値賀島にはこんな標識が

3日目 緩やかな島時間に包まれる小値賀島

- ⑬ 9:00 ビーチでカヌー体験
- ⑭ 11:45 断崖の五両ダキ
- ⑮ 12:30 集落で寿司ランチ

1日目 10:00 ＜車で20分＞ 11:10 ＜車で3分＞

1 蛤浜海水浴場の砂浜での〜んびり

遠浅の海が続く蛤浜海水浴場は、有川港から近いこともありにぎやか。地元客にも人気がある。→ P.84

有川港からスタート！

夏にはビーチでイベントも開催される

2 尖塔がかわいらしい冷水教会を拝観

建築家、鉄川与助が棟梁となって初めて建てたのが、木造の冷水教会。高台にそびえる尖塔が印象的。→ P.32

聖堂内は身廊と側廊の3廊式になっている

13:45 ＜車で1分＞ 19:00

6 つばき体験工房で椿油作りにチャレンジ

椿油は五島列島の名産品。約1kgのツバキの種を砕き、10〜15分蒸してから椿油を抽出する。→ P.85

椿油をおみやげに

まずはヤブツバキの種を砕く。これが大変！

7 夕食はホテル併設の本格イタリアン！

宿泊先の五島列島リゾートホテル マルゲリータのイタリアン「空と海の十字路」で、五島の旬の食材を堪能。→ P.92

新鮮な魚介はもちろん、牛や豚も五島産

16:00 ＜宿＞ 徒歩5分 19:00

11 自然が生み出した神秘のポットホール

小値賀島から橋で渡れる斑島にあるパワースポット。岩の割れ目に挟まった石が波により回転し丸石に。→ P.100

一度、宿へ

玉石様と呼ばれる石は直径50cmにも！

12 夕食は笛吹郷の居酒屋でしっぽり

せっかく小値賀島に来たので、地元客が集まる居酒屋「焼鳥こにし」でディナー。一品料理も充実。→ P.102

家族連れも多い島民に愛される居酒屋

プランニングのコツ

サンセットはどこで眺める?

スケジュールを組むときに 18:00 頃を目安に夕日の名所を組み込んでおこう。このプランでいうと矢堅目公園や斑島の西海岸が人気スポット。

11:30 ─ 車で5分 🚗 → **12:05** ─ 車で5分 🚗 → **13:15** ─ 車で1分 🚗 →

3 奇岩がそびえる 矢堅目公園で休憩

奈摩湾の入口に奇岩が突き出る矢堅目公園。展望所からは紺碧の東シナ海と入り組んだ海岸線を一望。→ P.91

海からの敵を見張る砦として利用されていた

4 奈摩地区の寿司店で 地魚の海鮮ランチ

ていねいな仕込みに定評がある「すし処嶋」へ。魚に応じてひと手間かけた寿司を出してくれる。→ P.92

熟成させた寿司は絶品。要予約

5 青砂ヶ浦天主堂と 曽根教会を見学

国指定重要文化財になっている青砂ヶ浦天主堂と、車で10分の距離にある高台の曽根教会を拝観。→ P.32

ステンドグラスで飾られた青砂ヶ浦天主堂

2日目 **9:30** ─ 車+フェリーで1時間30分 🚗 → **13:30** ─ 徒歩5分 → **14:30** ─ 車で20分 🚗 →

8 世界遺産集落の 頭ヶ島天主堂を見学

砂岩を組んだ個性的な外観が印象的な頭ヶ島天主堂。2001年に国の重要文化財に指定されている。→ P.33

設計・施工は教会建築の父、鉄川与助

9 小値賀島で評判の 古民家カフェでランチ

中通島の青方港からフェリーで小値賀島へ。島の中心地、笛吹郷の「KONNE Lunch &Cafe」でチキン南蛮定食を。→ P.102

島民の利用も多く会話が弾むことも

10 歴史民俗資料館で 島の歴史をお勉強

島内散策の前に、まずは小値賀島の歴史や風俗などの資料を展示する歴史民俗資料館で情報収集。→ P.100

潜伏キリシタンの移住についての資料も充実

3日目 **9:00** ─ 車で10分 🚗 → **11:45** ─ 車で25分 🚗 → **12:30** ─

13 穏やかな海で のんびりカヌー体験

カヌーはオールを使って海面を滑るように進むエコなアクティビティ。初めてでもガイドさんが教えてくれるので安心。→ P.82

レベルによって最適なビーチを選んでくれる

14 断崖絶壁に守られた 隠れ家ビーチ

車を停めて徒歩約5分。切り立った断崖の五両ダキが見えてくる。小さなビーチはプライベート感たっぷり。→ P.100

長い年月をかけて波や風で削られた絶壁

15 笛吹郷の寿司店で 地魚の握りを堪能

笛吹郷の「平六寿司」では、小値賀島の漁港で揚がった魚介を使った寿司やちらしが人気。→ P.101

小値賀港でおみやげを!

一品料理はないが、刺身の単品オーダーは可

注目の教会を全制覇！

世界遺産集落の教会巡り

3泊4日

世界遺産に登録された集落は久賀島、奈留島、中通島、野崎島の4島にある。
すべてを回るためには、効率的に移動し素早く見学することが大切。

1日目
福江島から日帰りで
久賀島の教会へ

- ❶ 9:55 堂崎教会を拝観
- ❷ 10:45 明星院を拝観
- ❸ 11:20 港の近くでランチ
- ❹ 13:30 旧五輪教会堂を見学
- ❺ 15:50 折紙展望台に上る
- ❻ 19:30 五島牛ディナー♪

屈辱の
踏絵……♪

レンタカーは
電気自動車も！

2日目
奈留島、頭ヶ島で
ふたつの教会を見学

- ❼ 9:45 江上天主堂を拝観
- ❽ 10:30 城岳城跡の絶景堪能
- ❾ 11:00 美景、奈留千畳敷へ
- ❿ 16:00 頭ヶ島天主堂を拝観
- ⓫ 18:30 矢堅目の夕日撮影

名物ちゃんぽんは
ランチの定番

3日目
自然が豊かな
野崎島を散策！

- ⓬ 7:25 町営船で野崎島へ
- ⓭ 9:00 旧野首教会を見学
- ⓮ 15:30 小値賀島に到着
- ⓯ 18:30 集落の居酒屋で夕食

4日目
午前中のフェリーで
佐世保へ向け出発

1日目 9:55　車で30分 🚗 → 10:45　車で10分 🚗 →

❶ 荘厳な堂崎教会と資料館を見学する

福江島の布教の中心、堂崎教会を拝観。堂内には潜伏キリシタンの歴史などの資料が展示される。→ P.35

福江港からスタート

福江島を代表する赤れんが造りの教会

❷ 明星院で美麗な天井画を拝観する

明星院は五島最古の木造建築物。格天井には狩野派の大坪玄能による121枚の花鳥画が描かれている。→ P.62

五島藩主の五島家に伝わる真言宗の祈願寺

→ 19:30　　2日目 9:45　車で30分 🚗 →

❻ 贅沢に！ 五島牛のがっつりディナー♪

「和風レストラン 望月」の名物は、希少な黒毛和牛、五島牛のステーキ。肉を噛むほどに口の中にうま味が広がる。→ P.63

ジューシーな特選五島牛のロースステーキ

❼ 色使いがかわいい江上天主堂を拝観

早朝、定期船で奈留島へ。木々に隠れるようにたたずむメルヘンチックな江上天主堂を見学。→ P.34

館内は要予約！

天主堂を含む江上集落が世界遺産に登録

→ 18:30　　3日目 7:25　徒歩20分 🚶

⓫ 対岸から矢堅目のサンセットを撮影

一度ホテルに戻り、夕日の時間に合わせて矢堅目へ。対岸から見ると、夕日と岩のバランスがよい。→ P.91

夕日が落ちる場所は季節によって異なる

⓬ 小値賀島から船で自然豊かな野崎島へ

有川港から高速船で小値賀島へ。さらに町営船をチャーターして、自然に支配された野崎島に渡る。→ P.81

野崎港周辺の集落跡に朽ちた家が残る

プランニングのコツ

4日目以降のスケジュールは？

4日目に帰る場合は、午前と午後に小値賀島から佐世保行きのフェリーが出ている。日程を延ばして中通島などほかの島へ渡るのもおすすめ。

 11:20 船＋車で1時間 🚗🚙 →

3 港の近くの食堂で 郷土料理のランチ

福江港から徒歩約3分という好立地にある「うま亭」。地元でも人気の食堂には、五島の名物料理が揃う。→ P.66

ボリューミーでランチタイムは大にぎわい

 13:30 徒歩＋車で1時間 🚶🚙 →

4 五島最古の 旧五輪教会堂を見学

高速船で久賀島に渡り、世界遺産の旧五輪教会堂を見学。時間があれば牢屋の窄殉教記念教会も。→ P.35

浜脇教会新築により移築された旧五輪教会堂

 15:50 船＋車で1時間 🚗🚙 →

5 折紙展望台から 雄大な美景を堪能

360度をぐるりと見渡せる展望台は、久賀島民の手作り。真っ青な海と緑のコントラストが美しい。→ P.72

複雑な海岸線が見せる圧倒的な自然美

10:30 車で20分 🚗 →

8 城岳展望台から 周辺の島々を一望

奈留島きってのビュースポット、城岳展望台で絶景に感激。久賀島、福江島、若松島などを一望する。→ P.75

かつて山頂に豪族の奈留氏が城を構えた

11:00 車と船で2時間20分 🚗🚙🛥 →

9 奈留千畳敷の幻想的な 美景にうっとり

高台から奈留千畳敷を眺める。潮が引くと岩盤の道を通って沖に浮かぶ小島まで歩いて渡れる。→ P.75

> ランチは奈留で！

小さな入江から沖の島まで岩盤が連なる

 16:00 車で1時間 🚗 →

10 砂岩を積んだ 頭ヶ島天主堂を拝観

奈留島から中通島へ渡り、そこから車で頭ヶ島天主堂へ向かう。県内では唯一の重厚な石造りが特徴。→ P.33

天主堂を含む頭ヶ島集落が世界遺産に登録

9:00 船で20分 🛥 →

13 野崎島の高台に立つ 旧野首教会を見学

集落跡を見守るように立つ旧野首教会。空に映える赤れんが造りの教会は、絵画のようなたたずまい。→ P.32

教会を含む野崎島の集落跡が世界遺産に登録

15:30 宿→徒歩5分 🚶 →

14 町営船に乗って 小値賀島に到着

小値賀島に戻ったら、自転車を借りて島内を探検。松の木が並ぶ姫の松原や海岸線などが気持ちいい！→ P.99

日本の名松100選に選ばれた姫の松原

18:30

15 島の若者に人気の 居酒屋でまったり

島出身のオーナーが切り盛りする「谷商店」。島の若者も多いので、地元ならではの話を聞けるかも。→ P.102

> 4日目のスケジュールは上記の「プランニングのコツ」を参照

予約をしておけば刺身も出してくれる

五島列島のキリシタンの歴史を通して
日本人のすばらしさが伝わるといいですね

左／五島列島の歴史がわかる貴重な資料も　右／手描きのイラストとともに、興味深い話をしてくれる

五島三国観光　梅木 志保（うめき しほ）さん

五島のキリシタンの文化を多くの人に知ってもらいたい

五島列島は 51 の教会が点在する祈りの島。荘厳な教会はそれぞれに個性的な表情をもち、見るだけでも心に響くものがある。さらに一歩踏み込んだなら、五島のキリスト教徒が歩んだ歴史にも触れたい。

「五島列島には、神道や仏教徒として生活をしながら、キリスト教の信仰を守り続けた潜伏キリシタンがたくさんいました。それが約 250 年も続いたんです。祈りの言葉オラショは、家庭のなかで父から長男へ

「教会の案内は自分に与えられた役目」と言う梅木さん。旧五輪教会堂、江上天主堂、キリシタン洞窟を巡るツアーは 9900 円（最少催行人数 18 人以上）。詳細は五島三国観光に問い合わせを

と口頭で伝承されました」

五島のキリシタンについて熱く語るのは五島の観光ガイド、梅木志保さん。五島三国観光に所属し、連続テレビ小説「舞いあがれ！」や、テレビドラマ「ばらかもん」のロケ地撮影コーディネーターを担当。教会のクルシリスタ（布教をする人・伝承者）でもある。

「五島崩れと呼ばれる弾圧は、久賀島がひどかった。12 畳ほどの場所に約 200 人が閉じ込められ、42 人もの殉教者を出したんです」と梅木さん。彼女のガイドは、やわらかな語り口とともに手描きのイラストが評判だ。

島の案内人として五島の魅力を伝える

「五島へ五島へと皆行きたがる。五島優しや土地までも。五島極楽、来てみて地獄。二度と行くまい五島が島……」

梅木さんが教えてくれた歌は、1797 年に大村藩から移住した人々の間で歌われていたもの。3000 人

以上の移住者のなかには、弾圧の激しい大村藩から五島へ逃れようとしたキリスト教徒が多く含まれていたという。歌にあるように、彼らの願いはむなしく五島藩もキリスト教の信仰を厳しく取り締まるようになっていった。

「歴史の話だけでなく、その集落であった小さなストーリーもお話しするようにしています」と梅木さん。「禁教令下では、密告されてつかまった潜伏キリシタンが多くいたんですが、仏教徒と潜伏キリシタンが助けあった集落もありました。また、仏教徒がキリスト教徒に差し入れをしたという話も残っています」

こういうこぼれ話を聞けるのが、豊富な知識をもつガイドさんの魅力だろう。「自分たちの祖先の話ですからね。五島のガイドを通して、日本人のすばらしさが伝わるといいなと思っています」

さて、島にきて何をしましょうか？

五島列島の遊び方
How to Enjoy

五島列島の楽しみ方はバリエーション豊富。

世界遺産集落の教会巡りから、美しい海での遊び、

カルチャー体験まで、好奇心のおもむくままに島を満喫！

多彩な島々が見せる神秘の表情

五島列島を彩る絶景スポット10

紺碧の海に包まれた五島列島で出合う、奇跡のような景観。
荒々しい海に突き出した岬、緑に覆われた丘陵、連なる小さな島々、
長い年月と偶然が重なってできた絶景が旅人の心を揺さぶる。

宇久島
小値賀島 ❸
❾ 野崎島
❽
中通島
若松島
❻
久賀島 ❼ 奈留島
❷
❹
福江島
❿
❺
❶

❶大瀬埼灯台
MAP 折り込み① A4
福江島
東シナ海の荒波に削られた岬の先端に、真っ白な灯台が立つ。灯台までは歩いて行くことができるが、離れた展望台からの景観も美しい。→ P.59

❷魚津ヶ崎公園
MAP 折り込み① C2　福江島
遣唐使船が日本で最後に立ち寄った魚津ヶ崎。緑豊かな自然公園で、特に9月後半から10月後半に咲く300万本のコスモスは圧巻。→ P.59

❹城岳展望所
MAP 折り込み① C2　福江
岐宿の町と点在する島々を一望。晴れた日は水平線に浮かぶ奈留島も見られる。春は菜の花、秋はコスモスなど季節ごとの彩りも。→ P.60

❸長崎鼻
MAP 折り込み② B1
小値賀島
小値賀島北部の海沿いに広がる草原。空と海の青に挟まれた、緑の大地がさわやか。五島牛がのんびりと草を食む光景が見られる。→ P.100

❻龍観山展望所

MAP P.96C2 若松島

展望広場の眼下に広がるのは、緑の島々が複雑に入り組んだ若松瀬戸。深い青と真っ白な若松大橋とのコントラストが美しい。→ P.97

❼奈留千畳敷

MAP P.74B3 奈留島

舅ヶ島海水浴場から沖の小島へ平らな岩盤が続く。干潮時には岩礁がはっきりと現れ、宝石のような海の色と相まって芸術的。→ P.75

❺鬼岳

MAP 折り込み① D3 福江島

お椀型の丘陵は、福江港周辺を移動中に目にするランドマーク。北側に大きく開けた火口をもち、トレッキングで近くまで行くことができる。→ P.55

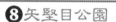

❽矢堅目公園

MAP 折り込み③ B3 中通島

円錐形の巨岩が印象的な、ダイナミックな海岸線をもつ公園。対岸の白草公園からは、奇岩越しのロマンティックな夕日を楽しめる。→ P.91

❾野崎島の集落跡（野首集落）

MAP 折り込み② D2 野崎島

世界遺産に登録された、かつて17戸の住民が暮らした小さな集落跡。小高い丘の上で、れんが造りの旧野首教会が集落を見守るようにたたずんでいる。→ P.81

❿鬼岳天文台

MAP 折り込み① D3 福江島

鬼岳の中腹から空気が澄みきった五島の星空を思う存分満喫。こぼれ落ちそうな天の川や季節折々の星座がはっきり見える。→ P.55

福江島、久賀島、奈留島 NAVI

五島列島の玄関口としてにぎわう福江島のほか、
色濃い自然が残る久賀島や奈留島など南西部に浮かぶ島々は下五島と総称される。

奈留島
久賀島
福江島

島で〜た

【福江島】
人　　口	3万1945人(2020年)
面　　積	326.34km²
海岸線	320.3km
最高地点	461m(父ヶ岳)

【久賀島】
人　　口	257人(2020年)
面　　積	37.24km²
海岸線	62.8km
最高地点	357m(鵜岳)

【奈留島】
人　　口	1927人(2020年)
面　　積	23.68km²
海岸線	75.4km
最高地点	267m(鴨越)

※人口は2020年の
国勢調査による

岐宿

天然の良港に恵まれた
緑豊かなエリア。東シ
ナ海から吹きつける風
を利用した風力発電
所があり、白い風車が
フォトジェニック。

三井楽

遣唐使の時代、東シナ海へ
と旅立つ遣唐使船が最後に
寄港したのが三井楽。周辺
には美しいビーチや展望ス
ポットが点在する。

姫島

柏崎

長崎鼻

嵯峨島

貝津港

観音崎

黒瀬崎

父ヶ岳
461

福江島

高浜海水浴場

小高い山に囲まれた入江に、真っ白
な砂浜が延びる美しいビーチ。夏は
海水浴客でにぎわう。→P.54

富江港

大瀬埼灯台

断崖の先端に真っ白な灯台が立つ、
五島を代表する美景スポット。遊歩
道が整備されている。→P.59

大宝崎

笠山崎

N

0　　　　　5km

島への行き方
※詳しくはP.128

のんびり大型客船

長崎港と博多港から奈留島、福江島
にフェリーが運航。長崎港から奈留
島まで約4時間20分、福江島まで
約3時間10分。博多港から奈留島
まで約7時間40分、福江島まで約
8時間30分。久
賀島へは福江島
からフェリーで
20〜35分。

効率的に高速船!

長崎港から福江島へ、九州商船
のジェットフォイルが運航してい
る。所要時間は約1時間25分。
中通島の奈良尾港を経由する便も
ある。ジェットフォイルは大型客
船と異なり、
運航中は席
に座って待
機する。

最速の飛行機

福江島には五島つばき空港の
愛称をもつ福江空港があり、
長崎空港と福岡空港から直行
便が運航されている。長崎空
港からは約30分、福岡空港
からは約
45分で
福江島に
到着する。

島内はレンタカーで

島内の移動はレンタカーもしく
はタクシーを利用するのが一般
的。福江島では電気自動車も普
及している。福江島には予約制
の定期観光バスがあるが、久
賀島と奈留
島のバスは
おもに島民
向け。

折紙展望台

真っ青な海に浮かぶ島々や緑鮮やかな山、集落などが一望できる島民手作りの展望台。→ P.72

江上天主堂

世界遺産の構成資産のひとつ「奈留島の江上集落」に立つ、木造建築のかわいい教会。→ P.76

奈留ターミナル周辺

起伏のある奈留島のなかでも、奈留ターミナルから島の中心地までは平坦で民家も集中。のんびり散歩をするのにちょうどよい。

折紙鼻

蕨港

奈留島

奈留ターミナル

前島

久賀島

田ノ浦港

末津島

金剛崎

奥浦港

屋根尾島

福江海域公園

福江港

福江空港

315

165

167

168

奈留千畳敷

沖の小島に向かって平坦な岩礁が続く景勝地。岩の上を歩くと小島まで行ける。→ P.75

旧五輪教会堂

世界遺産の構成資産のひとつ「久賀島の集落」に立つ教会。1881年建立の教会を移築した。→ P.72

福江港周辺

大型客船や高速船が発着する福江港周辺は、宿泊施設や飲食店が集まりにぎやか。5分ほど歩くと福江城（石田城）など見どころも。

富江

かつて深海サンゴの採取と加工でにぎわった町。海に突き出した富江半島には、火山の噴火でできた平坦な溶岩台地が広がる。

鬼岳

お椀型のやわらかなフォルムが印象的な福江島のシンボル。トレッキングも楽しめる。→ P.55

気になる

ベーシックインフォメーション Q&A

Q どんな宿泊施設に泊まる？

A 福江島にはホテルも多い

福江島は福江港周辺にホテルや旅館、民宿などが集まるほか、中心地から離れた場所にも個性的なペンションや民宿が点在する。久賀島には民宿が1軒のみ。奈留島には数軒の旅館や民宿があり、どこも島らしい素朴な雰囲気。

Q 絶対に食べたい料理は？

A 新鮮魚介のほか肉料理も

栄養豊かな海で取れた海鮮は、キビナゴやアラカブ（カサゴ）など種類が豊富。五島牛や五島豚、五島地鶏しまさざなみなど肉料理も揃う。トビウオでだしを取った五島うどんは必ず食べたい。

Q おすすめの過ごし方は？

A 絶景スポットを巡る

福江島の大瀬埼灯台をはじめ、各島に展望台や公園、海水浴場など美しい景色がいっぱい。教会を巡るのもおすすめだ。福江島では福江城（石田城）や溶岩塊を積んだ石垣など、城下町の名残も見られる。

Q 夕日はどこがきれい？

A SNS映えのスポット多数

福江島の夕日スポットといえば西海岸に立つ大瀬埼灯台。三井楽の渕ノ元カトリック墓碑群も、夕日と十字架というドラマチックな光景が見られる。芝が黄金色に染まる夕方の鬼岳もきれい。

福江島

城下町の名残をたどる
タイムトリップ

福江　歴史散歩

五島藩の城下町として栄え、今でも江戸時代の面影が色濃く残る福江。
苔むした石垣や黒船来航に備えた城跡が歴史を超えて語りかける。

石組みの塀が連なる
情緒漂う通りをさるく

　"さるく"とは、長崎弁で歩くという意味。港を中心に五島の歴史や文化を肌で感じられる福江は、さるくのにぴったりな町だ。

上／福江城（石田城）
内にある城山神社
左／武家屋敷通りの
塀の上には、丸石を
積んだ「こぼれ石」が

　現在の福江は、長崎や周辺の島々との間を船が行き交う五島市の玄関口。江戸時代も五島藩の城下町が広がり、五島の中心地としてにぎわっていた。五島藩士や豪族が住む武家屋敷が並び、周辺には商人町、職人町ができていたという。今でも武家屋敷通りには、溶岩塊を積んだ400mほどの石組みの塀が連なり、当時の面影を残している。

　幕末に建てられた福江城（石田城）も、見事な石垣が印象的。黒船の来航に備えて1863年に建てられた城は、そのわずか9年後に明治政府によって解体された日本最後の城として知られている。現在は本丸跡に五島高校が立ち、毎朝、自転車に乗った高校生たちが城門をくぐって登校する不思議な光景が見られる。

伝統の念仏踊り
チャンココの像

もっと チェロりたい！

福江島の素朴な
町を歩いてみよう

　福江以外の町でも60〜120分ほどの散策を楽しめる。商店街が続く富江や自然が豊かな岐宿、美景に癒やされる玉之浦など、エリアごとに個性があり魅力もさまざま。歩きやすい靴を用意し、夏は日焼け対策と小まめな水分補給を忘れずに。

富江の小さな商店街にある人魚のオブジェ。富江名産の赤サンゴがモチーフ

MAP P.58B1・B2・B3・C1・C2　福江港からすぐ　徒歩約2時間
五島市観光協会 (0959)72-2963

　体力レベル ★……誰でも参加可　体力レベル ★★……やや体力が必要　体力レベル ★★★……体力に自信がある人向け

スケジュール

所要時間	歩行距離	体力レベル
約2時間	約2km	

13:00 船の往来を見守り続ける常灯鼻

福江城（石田城）を築くにあたり、北東からの波を防ぐため1846年に建造された。当時は防波堤としてだけではなく灯台の役目も担っていた。

MAP P.58C2
交 福江港から徒歩約5分
駐車場 あり

福江港に出入りする船舶を見守る福江の番人

徒歩15分

13:35 イボ取り地蔵で知られる宗念寺

浄土宗の寺院で、伊能忠敬の片腕だった坂部貞兵衛や明星院の天井画を描いた大坪玄能などの墓がある。念じるとイボが取れるというイボ取り地蔵が祀られている。

裏には墓がいっぱい

MAP P.58A1　交 福江港から徒歩約15分
住 五島市福江町16-1　電 (0959)72-3024　駐車場 あり

イボ取り地蔵へのお供えは束になった唐辛子

徒歩5分

徒歩20分

地図

唐人橋
明人堂
ナタオレノキ
宗念寺　六角井戸
福江川
常灯鼻（対岸から見る）
START　福江港
福江港ターミナル
GOAL
観光朝市
城山神社
福江城（石田城）
五島高等学校
武家屋敷通り
〈イメージ図〉
食事処 武家屋敷
福江武家屋敷通りふるさと館

13:15 航海安全を祈願した明人堂

福江を拠点としていた明の貿易商、王直など中国人が航海の安全を祈るために建てた廟堂。現在の廟堂は、中国の石材と工人を呼び再現したもの。

唐人町のシンボル！

MAP P.58A1
交 福江港から徒歩約15分
住 五島市福江町1032-2
駐車場 なし

王直らが居住した周辺地域は唐人町と呼ばれている

徒歩15分

徒歩3分

13:25 中国スタイルの井戸、六角井戸

唐人町に住んでいた中国人たちが、飲用水や船舶用水として造った井戸といわれている。井戸枠を六角形の板石で囲むのが中国式。

MAP P.58B1
交 福江港から徒歩約15分
住 五島市江川町5-122
駐車場 なし

板石で造った六角形の壁は水面下まで続いている

徒歩5分

14:15 ふるさと館のカフェでひと休み

福江武家屋敷通りふるさと館に併設されたこぢんまりとした喫茶店「食事処 武家屋敷」で休憩。かんころ餅と五島茶セット600円ほか軽食も食べられる。

幕末の名残を感じて

五島うどん600円など五島の郷土料理を味わえる

MAP P.58B3　交 福江港から徒歩約15分
住 福江武家屋敷通りふるさと館内→P.57
電 (0959)72-2083　営 11:00～16:00
休 11～6月の月曜（祝日の場合は翌日）　駐車場 あり

徒歩10分

14:55 日本最後の城、福江城（石田城）へ

五島家第30代当主盛成により、黒船の来航に備えて建てられた福江城（石田城）の跡。1863年に完成した。現在は本丸跡が五島高校になっている。

アナタもお姫様♪

福江城（石田城）は、明治政府により完成から9年で解体された

MAP P.58B2　交 福江港から徒歩約5分
住 五島市池田1-1　駐車場 あり

voice 周囲1346mの堂々とした城壁を見せる福江城（石田城）。城内は解体されているが、本丸跡に五島高校があるほか、二の丸跡に五島観光歴史資料館、文化会館、図書館が立ち、福江のカルチャー施設として利用されている。

51

エダサンゴや
テーブルサンゴが
広がるパラダイス

穏やかな湾なので
子供でも安心です

海の中って
気持ちいい

誰もが気軽に楽しめるのが
スノーケリングの魅力

福江島

元気な珊瑚礁が広がる
プライベートビーチへGo！

無人島スノーケリング

福江島からクルーザーで約15分、
屋根尾島の入江で魚たちと遊んじゃおう。

午前中に海を満喫する
ショートトリップへ

五島ダイビング ラグーン
佐藤 誠さん

青い絵の具を溶いたかのように、水平線まで続く鮮やかなブルー。五島列島を包み込む美しい海を、ただ眺めるだけではなく、体全体で満喫できるのがスノーケリングツアー。福江港発着の午前中のみのショートトリップで、午後は自由に使えるのがうれしい。15分ほどのクルージングで目指すのは、無人島の屋根尾島。水深2〜10m程度の穏やかな入江で、2時間ほどスノーケリングを楽しむ。透明度がよく明るい光が差す水底はサンゴに覆われ、魚がいっぱい。マスクやウエットスーツ、フィンなどは貸してもらえるので、水着とタオルだけあれば参加できる。

マスク、スノーケル、
ウエットスーツ、フィ
ンを装着

もっと知りたい！
ジャックナイフに挑戦！

水中に潜ればサンゴや魚に近寄ることができ、スノーケリングをより楽しめる。基本はジャックナイフと呼ばれるテクニック。腰から上半身を90度に折り、足を振り上げて垂直姿勢のまま真っすぐ水底へ。途中で耳抜きを忘れずに。

上／視線を水底に向けて上半身を90度曲げる　下／足を振り上げて真っすぐ水底へ。動かないのがポイント

スケジュール

所要時間 約3時間	体力レベル

9:20 福江港の桟橋に集合

前日までに予約を入れ、福江港へ。ダイビングボートに乗り込み、無人島の屋根尾島まで15分ほどのクルージングを楽しもう。海がきれい！

水着とタオルだけでOK！

10:00 スノーケリングセットを装着

ボートを浮き島に係留したら、レンタル器材を借りて装着。マスクやスノーケルの使い方のレクチャーを受ける。あとは実際に海で練習をするだけ。

器材の使い方は簡単！

10:15 青い海をのぞいてみよう

ウエットスーツに浮力があるので、泳ぎが苦手な人でも安心。不安な人はライフジャケットを借りよう。ぷかぷか浮かんで海中を見ているだけでも楽しい。

ゆったりと水中を観察

11:00 疲れたらおやつタイム♪

基本的にはボートが見える範囲での自由行動。疲れたらいつでもボートに戻って休憩を。屋根尾島にはのんびり草を食む野生のヤギが。

おやつのスイカがおいしい！

12:00 周辺を泳いでみて！

サンゴや白砂など、海中の環境はさまざま。カラフルな魚もたくさん見られる。12:20頃に福江島に帰航して解散。午後もたっぷり観光を楽しめる。

白砂の海底に癒される

五島ダイビング ラグーン MAP P.58C1 所要 約3時間
交 福江港発着 住 五島市玉之浦町玉之浦1614 電 (0959)87-2233
時 9:20〜12:20頃 休 10月〜7月中旬、不定休 料 6600円
予約 前日までに必要 駐 あり URL lagoon.tn.goto-tv.ne.jp

voice スノーケリングで着用するウエットスーツには浮力があり、マスクで視界、スノーケルで呼吸を確保できるため泳ぎが苦手な人でも安心。入江の水深は2〜10mほど。初心者は浅瀬で、自信のある人はちょっと深い場所でと、レベルに合った楽しみ方ができる。

福江島 ボートの底に広がるサンゴの海

グラスボート

船底のガラス窓から海中をのぞきながら、およそ 45 分間のクルーズを楽しむ。フィールドとなるのは、福江海域公園に指定された竹ノ子島周辺。このエリアは流れ込む川がないため年間を通して透明度が高く、サンゴや魚が豊富。ソラスズメダイやクマノミといった南方の魚をはじめ、キビナゴやタコなど食卓でおなじみの生物もたくさん見られる。

クマノミが待ってるよ〜

定員 66 人の大型ボートなので、揺れが少なく快適なのが魅力

海の中は幻想的！

木口汽船 川口孝章さん

木口汽船グラスボートシーガル MAP P.58C2 所要 約 45 分
🚃 福江港発着 🏠 五島市東浜町 2-3-1（福江港ターミナル）
☎ (0959)73-0003 時 10:10 〜、13:00 〜（夏季のみ 15:00 〜）※変更あり ※荒天時※大人 5 人以上または 1 万円にて運航
料 2300 円、小学生以下 1150 円（大人 5 人未満は 1 万円）
予約 必要 駐車場 あり（有料） URL www.kiguchi-kisen.jp

竹ノ子島周辺の海。船上からサンゴが見えるほどの透明度。クマノミやソラスズメダイがたくさん

半潜水式のグラスボート。スペースが広く子供も安心

断崖も余裕です〟♪

無人島の屋根尾島には野生のヤギが生息。陸上の風景もチェック

青い海に浮かぶ緑の島々に探検気分が盛り上がる！

福江島 カラフルな海中世界を遊覧！

体験ダイビング

誰でも簡単なレクチャーを受けるだけで楽しめる体験ダイビング。屋根尾島か多々良島周辺の水深 4 〜 10m ほどの静かな入江がフィールドとなる。浅瀬にはサンゴが点在し、クマノミやスズメダイが群れる様子は竜宮城のよう。ダイビングの時間は 20 分ほど。その後はスノーケリングをするなど午前中いっぱい海を満喫できる。

ゆっくり安全にサポートしますよ

イソギンチャクの家にクマノミの家族が

不安はここで解消！

インストラクターとマンツーマンで潜るので初めてでも安心。まずは水に慣れよう

福江港からダイビングボートに乗って約 15 分。真っ青な海に浮かぶ屋根尾島か多々良島へ

五島ダイビング ラグーン **マイケル・カーターさん**

五島ダイビング ラグーン MAP P.58C1 所要 約 3 時間 🚃 福江港発着
🏠 五島市玉之浦町玉之浦 1614 ☎ (0959)87-2233 時 9:20 〜 12:20 頃
休 12 月〜 4 月中旬※不定休あり 料 1 万 6500 円
予約 前日までに必要 駐車場 あり URL lagoon.tn.goto-tv.ne.jp

ウエットスーツに着替え、ダイビング器材の使い方や水中での動き方などについて教わる

浅いので明るい♪

海の中はまるで竜宮城。フレンドリーな魚たちが寄ってくる。慣れたら泳いでみて

VOICE 福江島の周辺には、上級者向けのダイビングスポットが点在。竹ノ子島や屋根尾島の流れの速い場所では、ヒラマサなどの回遊魚を狙ってドリフトダイビングが楽しめるほか、福江港のすぐ沖には、魚群が渦巻く全長約 100m の巨大沈船が！

53

白砂が輝く超人気ビーチ

リゾート感たっぷりの極上ビーチ巡り

魅惑のビーチセレクション

透明度抜群の青い海と真っ白な砂浜に縁どられた下五島。
ホワイトサンドビーチを中心に、おすすめの海岸を厳選！

福江島／三井楽
高浜海水浴場
たかはまかいすいよくじょう
緑に囲まれて白砂が輝く、五島列島を代表するビーチ。夏はバナナボートや水上バイクの体験も。
MAP 折り込み① B2
交 福江港から車で約40分
[トイレ][シャワー][更衣室][売店][P]

[トイレ] トイレ　[シャワー] シャワー　[更衣室] 更衣室　[売店] 売店　[監視員] 監視員　[P] 駐車場
※監視員がいるのは7月中旬から8月下旬の夏休み期間のみ。常駐時間が限られるので注意。売店の営業も夏期に限られる場合が多い。

遠浅の砂浜がどこまでも続く

福江島／三井楽
頓泊海水浴場
とんとまりかいすいよくじょう
高浜海水浴場の隣にある遠浅の広々としたビーチ。喧騒から離れ波も穏やかなのでファミリーに人気。
MAP 折り込み① B2
交 福江港から車で約40分
[トイレ][シャワー][更衣室][売店][P]

市街地から近いお手軽ビーチ

福江島／浜町
香珠子海水浴場
こうじゅしかいすいよくじょう
福江から直通バスが走る地元でも人気のビーチ。海の家での五島そうめん流しが名物。
MAP 折り込み① C3
交 福江港から車で約20分
[トイレ][シャワー][更衣室][売店][P]

福江島／富江
多郎島海水浴場
たろうじまかいすいよくじょう
さんさん富江キャンプ村に隣接し、バンガローでのキャンプやアスレチックも楽しめる。
MAP 折り込み① C4
交 福江港から車で約30分
[トイレ][シャワー][更衣室][売店][P]

福江島／岐宿
浜田海水浴場
はまだかいすいよくじょう
溶岩の磯に囲まれた白い砂浜が独特の景観。魚津ヶ崎キャンプ場に近くアウトドア派に人気。
MAP 折り込み① C1
交 福江港から車で約20分
[トイレ][シャワー][更衣室][P]

福江島／玉之浦
小浦海水浴場
こうらかいすいよくじょう
玉之浦地区の小さな湾に延びる、静かな穴場ビーチ。夏は予約制のシーカヤック体験ができる。
MAP 折り込み① A3
交 福江港から車で約1時間
[トイレ][シャワー][更衣室][P]

福江島／浜町
大浜海水浴場
おおはまかいすいよくじょう
集落の目の前に真っ白なビーチが広がる。サンセットスポットとしても知られている。
MAP 折り込み① D3
交 福江港から車で約20分
[トイレ]

島の人たちの憩いの場

奈留島
宮の浜海水浴場
みやのはまかいすいよくじょう
長い岬に囲まれた穏やかな湾。玉砂利なので砂が舞い上がらず、常に透明度が高い。
MAP P.74B2
交 奈留港から車で約10分
[トイレ][シャワー][更衣室][P]

奈留島／前島
前島ビーチ
まえしまビーチ
奈留島から船で渡る前島に延びる。施設はなく雄大な自然が魅力。奥には末津島が。
MAP P.74B3
交 前島港から徒歩約15分

大瀬崎灯台を望む高台からの景色は筆舌に尽くしがたい絶景でした。高浜海水浴場の情景も目に焼き付いて離れません。自然豊かで神秘的で言うことなし！　すばらしい島旅になりました。
（京都府　アイナッツさん）

福江島 福江島のシンボルをさわやか散歩

鬼岳トレッキング

　標高315mの鬼岳は、その勇壮な名称とは反対に、丸みを帯びたやわらかな形状で古くから市民に親しまれている。芝に覆われた丘陵ではのんびり過ごす家族連れの姿が多く、鬼岳を半周するトレッキングも楽しめる。緩やかな斜面を上ると臼状の火口が広がり、季節の花が咲く尾根は気持ちのよい散策ルート。半周した所で下りになり、舗装されたサイクリングロードを右に進むと1周できる。

五島市椿園から見た鬼岳。西海国立公園内にそびえる福江のシンボル

火口の尾根伝いを歩くと、眼下に福江の市街地や美しい海が広がる

芝に覆われた丘陵では、のんびりしたり凧揚げを楽しんだりする市民の姿が

MAP 折り込み① D3
所要 約1時間
交 福江港から車で約15分
駐車場 あり

自然がいっぱい

上／トレッキングは暑さがやわらぎ虫の少ない10月頃がベストシーズン　右／駐車場やトイレを完備しており、誰でも気軽に訪れることができる

季節ごとに夜空を彩る星雲や星団など貴重な星々を見せてくれる

福江島 気軽に楽しむ華やかな天体観測

スターウオッチング

　鬼岳の南斜面に建てられた天文台から、五島の空を埋め尽くすきらめく星空を観察する。今にもこぼれ落ちそうな天の川が肉眼でもはっきり見え、その美しさに心が震える。館内には口径60cmのニュートン式反射望遠鏡を備え、強烈な光を放つ星をクローズアップ。ガイドさんの解説もあり、星の知識がなくても楽しめるのがうれしい。

望遠鏡で見ると、星の色や大きさなどの違いがはっきりとわかる

▼さそり座！

左／天文台スタッフによる星空の話も興味深い。質問にも答えてくれる　右／天候によっては、雲を待つ間に星座のビデオが上映されることも

鬼岳天文台 **MAP** 折り込み① D3　**所要** 約1時間　**交** 福江港から車で約15分　**住** 五島市上大津町2873-1　**時** 18:00～22:00(スターウオッチングは通常20:00頃から)　**料** 1000円、高校生800円、小・中学生600円　**予約** 前日の16:00までに必要　**問** 鬼岳四季の里 ☎ (0959)74-5469　**駐車場** あり

voice 鬼岳展望台では、望遠鏡で空を観賞するだけの観望コース（ガイドの解説はなし）も開催。詳しくは問い合わせを。
料 300円、高校生220円、小・中学生150円　**予約** 前日の16:00までに必要

かわいい商品は購入も

ガラスの配色を楽しんで♪

色の組み合わせで無限の可能性が生まれる

福江島
ガラスが織りなす
美麗なアート

ステンドグラス制作

幻想的な光で教会を彩るステンドグラス。
色ガラスが世界でただひとつのアイテムに。

　厳かな雰囲気に包まれた教会で、淡い光を放つステンドグラス。色とりどりのガラスを組み合わせ、キリストの生涯を表現したり、宗教的なモチーフを描いたりする。聖堂を彩る装飾は文句なしに美しく、光のアートといっても過言ではない。538 ステンドグラス工房では、そんなステンドグラス制作を気軽に体験できる。れんが造りの工房は、ステンドグラスから華やかな光が差し込むメルヘンチックな空間。初心者でも簡単なキーホルダーのほか、小物入れやランプシェードといったインテリアが作れる。メンバーが一つひとつ手作りした小物は販売もしており、ぬくもりを感じさせる一品みやげとして密かな人気商品になっている。

538 ステンドグラス工房
代表 濱崎由美子さん
※多忙につき長期間、電話に出られないことがありますので、スケジュールに余裕をもってのご予約をお願いします。

上／明治時代の倉庫を改装した
下／ステンドグラスからやわらかな光が差し込む

もっと知りたい！
**三井楽教会の
ステンドグラスに注目**

三井楽教会に飾られたステンドグラスは、代表の濱崎さんをはじめとしたボランティアによって作られたもの。6 年以上をかけて完成したステンドグラスは、愛情に満ちている。

キリストの生涯を描いている

538 ステンドグラス工房
MAP 折り込み① B1　所要 約1時間　交 福江港から車で約50分。または三井楽から徒歩約20分　住 五島市三井楽町濱ノ畔 806-9　電 090-1977-8481　時 10:00 〜 15:00　料 1000 円〜　休 不定休　予約 必要　駐車場 あり

スケジュール

所要時間	体力レベル
約 1 時間	

10:00 カットしたガラスの切断面を磨く
デザインと色を決めたら、先生がガラスをカット。ルーターを使い、滑らかになるまで切断面を磨く。ガラスの色によって雰囲気がまったく異なる。

小さいパーツもていねいに

10:10 銅板テープを使って枠作り
銅板テープでパーツの枠を作る。ガラスのふちにテープを巻くだけだが、次の工程につながる重要な作業なので、歪みやしわが出ないように。

ここで仕上がりに差が出る

10:25 ガラスをハンダでくっつける
銅板の上だけにのるハンダの性質を利用し、パーツとパーツを固定。ハンダはやり直しができるのでちょっと安心……。固まったら細かいキズを付ける。

ハンダを伸ばすイメージで

10:40 ハンダ部分をきれいに磨いて
硫酸銅を塗って酸化させ、さらに特殊な溶剤で黒くする。あとは磨き粉を使って全体的によく磨く。マット加工のようになって、ぐっとおしゃれに。

レトロな雰囲気が出てくる

10:50 チェーンを付けたら完成〜！
きれいに磨けたら、ハンダでチェーンを固定してキーホルダーの完成。光に透かすと表情が現れるのがガラス製品の魅力。五島ならではのおみやげに。

色の組み合わせに個性が！

　538 ステンドグラス工房の濱崎さんがこの世界に入ったのは 20 年ほど前のこと。子供部屋の割れた窓ガラスを、ステンドグラスにするため工房へ習いにきたのが最初。タイミングよく三井楽教会のステンドグラス制作に参加し、ハマってしまったそう。

福江島　五島伝統の凧をミニサイズにアレンジ

ミニバラモン凧絵付け体験

鬼に兜を噛みつかれながらも前進する武者を描いたバラモン凧。語源は諸説あるが、五島の方言「ばらか」に人を指す「者（もの）」を加えたといわれ、「元気な人」「勇猛な人」を表すそう。体験ではミニサイズのバラモン凧に好きな色を塗って持ち帰ることができる。

好みの色を塗ってみて☆

施設内には巨大バラモン凧を展示。五島では男の子の初節句に揚げる風習がある

骨組みが組まれた30cmほどの凧に色を塗る

水性ペンはたくさんの色が用意されている

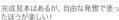
お手本どおりじゃなくてもOK！

完成見本はあるが、自由な発想で塗ったほうが楽しい！

塗り終えたら完成。勉強部屋に飾ってヤル気アップ!?

福江武家屋敷通りふるさと館　MAP P.58B3　所要 約1時間
交 福江港から徒歩約15分　住 五島市武家屋敷2-1-20
電 (0959)72-2083　時 10:00～15:00　休 11～6月の月曜（祝日の場合は翌日）　料 2200円　予約 必要　地 あり

福江島　自分で作るオリジナルアクセ

サンゴ アクセサリー作り

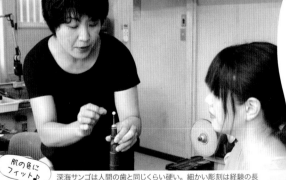

かつて男女群島沖で取れるサンゴで栄えた五島列島。水深千数百mという深海で500～600年かけて育った、貴重な深海サンゴが宝石に使われる。淡いピンクサンゴを使ったペンダント作りは、粗削りしたサンゴの玉を3段階のやすりで磨いていく。きれいに磨かれたペンダントは、フォーマルにもカジュアルにも使えそう！

爪の色にフィット♪

深海サンゴは人間の歯と同じくらい硬い。細かい彫刻は経験の長い職人にしかできないが、磨く作業なら初心者でもできる

軽く押さえて

まずはサンゴの玉を研磨機の窪みに入れて、きれいな丸みをつける

手作りアクセ！

手持ちの紙やすりで磨いたら、仕上げは細かい電動やすりでつるつるにする

サンゴのペンダントトップにチェーンを付けたら、自作アクセサリーの完成

とってもキュート

出口さんご
平山宣子さん

出口さんご　MAP 折り込み① C3　所要 約20分～　交 福江港から車で約30分。または⊕宮下からすぐ　住 五島市富江町松尾662-1　電 (0959)86-0613　時 9:00～17:00　休 なし　料 2530円　カード 可　予約 必要

福江島 エリアガイド
ふくえじま

福江島は飲食店や宿泊施設が多い五島列島最大の島。五島藩の城下町が広がっていた福江や、遣唐使船が寄港した三井楽、宝飾サンゴで栄えた富江など、個性的な歴史をもつ町が点在している。大瀬埼灯台をはじめとした美景を巡る旅へ。

観る・遊ぶ
自然が織りなす美しい風景を楽しむ

　福江島のシンボル鬼岳や南西端の大瀬埼灯台など、スケールの大きな景勝地が充実。高浜海水浴場をはじめとした白砂の美しいビーチも多い。大切に守り継がれる13の教会も見どころのひとつ。

買　う
大型店で五島の特産品をまとめ買い

　福江港ターミナルのみやげ物店は品揃えが豊富で、帰る前に購入できるのが便利。香珠子ビーチに面した椿物産館や鬼岳の四季の里も、名産品が充実している。福江商店街にはオリジナルのお菓子を扱う専門店も。

食べる・飲む
自然の恵み、五島の郷土料理を味わう

　魚介をはじめ五島牛や五島うどんなど、五島の名物料理は多種多様。福江港周辺には居酒屋からステーキ専門店、カフェまでたくさんの店が集まっている。その他の町にある名店を訪れるのも楽しい。

泊まる
ビジネスホテルや民宿が充実している

　福江はビジネス需要もある町なので、モダンなホテルから民宿まで宿泊施設には事欠かない。朝夕食付きのプランが一般的だが、港周辺には飲食店が多いので、素泊まりで島の料理を堪能するのもよい。

福江中心部 MAP 折り込み①D2

voice
富江の中心部には、かつて五島藩の藩庁として機能した陣屋が並んでいた。その遺構のひとつが富江陣屋の石蔵。350年以上を経てもズレない玄武岩の切石技術が見事。

大瀬埼灯台
おおせざきとうだい

📷 展望台　　エリア 玉之浦　　MAP 折り込み① A4

日本で最後に沈む夕日を眺める

　福江島の最西端に位置し、男女群島や沖縄を除いて日本で最も遅い時間に沈む夕日を眺められる。展望所から遊歩道を使って、片道20分ほどで灯台まで行くことができる。

左／東シナ海に沈む夕日。12月31日は観賞会が開かれ年越しそばがふるまわれる　右上／断崖が延びる昼間の風景は迫力満点　右下／白亜の灯台

🚗 福江港から車で約1時間。または🚏大瀬崎口から徒歩約40分
🅿 あり

魚籃観音
ぎょらんかんのん

📷 景勝地　　エリア 三井楽　　MAP 折り込み① B2

抱えたタイが豊漁祈願の証

　高浜海水浴場を見下ろす高台に立つ観音。東シナ海での漁業の豊漁と安全を祈って建てられた。目の前には嵯峨島（下段）が浮かび、船の往来を見ているだけで心が和む。

上／高浜海水浴場を眺めるならココ！奥の砂浜は頓泊海水浴場　左下／手元のカゴにはタイが　右下／目の前には嵯峨島が

🚗 福江港から車で約40分。または🚏貝津から徒歩約10分
🅿 なし

魚津ヶ崎公園
ぎょうがさきこうえん

📷 公園　　エリア 岐宿　　MAP 折り込み① C2

水平線に沈むダイナミックな夕日は必見

　遣唐使船が最後に寄泊した地として知られる魚津ヶ崎は、西海国立公園内にある自然豊かな岬。キャンプ場のバンガローは、エアコンやシャワー、トイレ併設で快適。

左／入り組んだ岩に囲まれた穏やかな湾　右上／秋は色鮮やかなコスモスが華やか　右下／一面、黄に染まる菜の花は春の風物詩

🚗 福江港から車で約30分。または🚏魚津ヶ崎から徒歩約15分
🏠 五島市岐宿1218-1　🅿 あり

嵯峨島
さがのしま

📷 島　　エリア 三井楽　　MAP 折り込み① A2

荒波にさらされた雄々しい海岸線が続く

　福江島の西に浮かぶ200人ほどが暮らす小さな島。周囲はおよそ12kmで、北に男岳、南に女岳という山がそびえる。毎年8月14日にはオーモンデーという念仏踊りが披露される。

左／1918年に建てられた木造の嵯峨島教会　右上／花に彩られた嵯峨島小中学校　右下／西側に千畳敷と呼ばれる火山海食崖が広がる

🚗 福江港から車で約50分＋船で約15分
🚢 貝津港からの渡海船往復920円　🅿 あり（貝津港）

voice　福江島の約4km沖に浮かぶ嵯峨島は、ほとんど観光開発されていない素朴な島内風景が魅力。約8kmの専用道路で島を1周できるようになっているが、途中に売店などはないので、装備やお弁当、水などしっかり準備をしておこう。

📷 展望台　　エリア 岐宿　MAP 折り込み① C2

城岳展望所
しろだけてんぼうじょ

岐宿の町並みから五島の島々までを一望

　城岳という名称は、五島家の8代宇久覚がこの地に城を築いたことに由来する。遊歩道を上った第一展望所からは、福江島北部と上五島の島々をパノラマで眺められる。季節によって色彩が変化する景観が美しい。

上／岐宿の町や八朔台地、北部の島々が見える　左下／展望所の上は携帯電話の無線中継基地　右下／風力発電研究所も

🚗 福江港から車で約30分　🅿 あり

📷 公園　　エリア 福江　MAP 折り込み① D3

五島市椿園
ごとうしつばきえん

鬼岳の山頂を眺めながら公園散策

　鬼岳の中腹に広がるツバキ園で、隣接する鬼岳樹林園と合わせ五島椿森林公園と呼ばれる。園内にはヤブツバキを含め、275種、約3000本のツバキが植えられ、幻のツバキといわれる玉之浦を観賞できるゾーンも設けられている。

左／きれいな芝が広がる園内。目の前に鬼岳の山頂が　右上／ツバキの花は2月頃に最盛期を迎える　右下／純白の縁取りが美しい玉之浦は五島で発見されたツバキ

🚗 福江港から車で約15分　🅿 あり

📷 展望台　　エリア 富江　MAP 折り込み① C4

只狩山展望所
ただかりやまてんぼうじょ

桜に囲まれ富江の町を望む

　標高84mの只狩山山頂にある展望所。らせん状の三層になっていて、富江の町や湾に浮かぶ島々、鬼岳を一望できる。展望所脇には新田次郎の小説『珊瑚』（→P.121）の記念碑も。

🚗 福江港から車で約30分。または🚌只狩山口から徒歩約12分
🅿 あり

📷 公園　　エリア 三井楽　MAP 折り込み① B2

白良ヶ浜万葉公園
しらঁらがはままんようこうえん

色とりどりの花が咲く南国ムードを満喫

　遣唐使船を模した展望台や万葉集ゆかりの花々など、遣唐使船の寄港地としてにぎわった当時の三井楽をしのばせる公園。ローラースライダーやアスレチックなどが備わる市民の憩いの場。

🚗 福江港から車で約30分　🅿 あり

📷 景勝地　　エリア 福江　MAP 折り込み① D3

鐙瀬溶岩海岸
あぶんぜようがんかいがん

雄々しい溶岩質の海岸線が続く

　複雑に入り組んだ海岸は、かつて鬼岳火山から流れ出た溶岩が海で冷えて形成されたもの。周辺は対馬暖流の影響で温暖な気候に恵まれ、南方系植物が繁茂する独特の景観を見せている。

🚗 福江港から車で約20分。または🚌鐙瀬から徒歩約5分
🅿 あり

📷 資料館　　エリア 福江　MAP 折り込み① D3

鐙瀬ビジターセンター
あぶんぜびじたーせんたー

五島の自然情報を多彩な角度から紹介

　鐙瀬溶岩海岸の入口に立つ市の施設。五島で見られる動植物などの自然情報を、ビデオ、ジオラマ、パネルなどを使ってわかりやすく紹介している。

🚗 福江港から車で約20分
🏠 五島市野々切町1333-3　📞 (0959)73-7222　🕐 9:00〜17:00
（7・8月は〜18:00）※最終入場は30分前　💰 無料　🅿 あり

---

voice

岐宿の魚津ヶ崎公園は、9月下旬から10月下旬頃まで約150万本のコスモスで埋め尽くされる。またコスモスが開花する前の春には菜の花、夏にはヒマワリが。夏前はアジサイが咲き、五島市民にも人気のスポットになっている。

📷 景勝地　エリア 三井楽　MAP 折り込み① B1

空海記念碑 辞本涯
（くうかいきねんひ じほんがい）

日本の最果てで遣唐使を思う

三井楽北部の柏崎に立つ、第16次遣唐使として五島に寄港した空海の像。辞本涯とは日本の果てを去るという意味で、空海が残した言葉。沖にはかつてのキリシタンの島、姫島が。

🚗 福江港から車で約50分　🅿 あり

📷 史跡　エリア 三井楽　MAP 折り込み① B1

渕ノ元カトリック墓碑群
（ふちのもとかとりっくぼひぐん）

東シナ海に沈む夕日が心を打つ

渕ノ元は、江戸時代に長崎の外海地区から多くの農民が移住してきた地。海を望む高台のカトリック墓地には、十字架を掲げた墓やマリア像がたたずむ。夕日の美しさは絶品。

🚗 福江港から車で約50分　🅿 あり

📷 景勝地　エリア 三井楽　MAP 折り込み① B1

高崎草原
（たかさきそうげん）

潮風に揺れる葉が心地よい♪

三井楽の北側に広がる高崎鼻周辺の草地。真っ青な海とさわやかな緑のなかで散策を楽しめる。近くには公園もあるので、ドライブついでの休憩にも最適。サンセットスポットとしても人気。

🚗 福江港から車で約50分　🅿 あり

📷 資料館　エリア 奥浦　MAP 折り込み① D2

堂崎民俗資料館
（どうざきみんぞくしりょうかん）

神学校の教室がそのままに

堂崎天主堂内では踏絵やマリア観音像の複製品、隣接する資料館ではキリシタンの生活用品を展示。

🚗 福江港から車で約25分。または🚩堂崎天主堂から徒歩約3分　🏠 五島市奥浦町堂崎2019　☎ (0959) 73-0705　🕘 9:00〜17:00頃（7月21日〜8月31日は〜18:00頃、11月11日〜3月20日は〜16:00頃）　💴 100円　🅿 あり

📷 滝　エリア 岐宿　MAP 折り込み① C2

ドンドン渕
（どんどんぶち）

太鼓をたたくような音が山間に響く

駐車場から5分ほど山を歩くと、豪快に流れ落ちる滝が見えてくる。権現岳の麓にあたり、水量が豊富なため枯渇することはないという。夏は滝つぼで水遊びを楽しむ家族連れでにぎわう。

🚗 福江港から車で約20分＋徒歩約5分　🅿 あり

📷 資料館　エリア 福江　MAP P.58B2

五島観光歴史資料館
（ごとうかんこうれきししりょうかん）

福江城の跡に立つ資料館

天守閣を模した館内の1〜3階に、遣唐使など五島の歴史、島民の生活についてのくわしい展示が。

🚗 福江港から徒歩約5分　🏠 五島市池田町1-4　☎ (0959) 74-2300　🕘 9:00〜17:00（6〜9月は〜18:00）※最終入館は閉館の30分前　休 なし　💴 300円、小・中・高校生100円　🅿 あり　URL www.city.goto.nagasaki.jp/rekishi

📷 公園　エリア 富江　MAP 折り込み① C4

多郎島公園（さんさん富江キャンプ村）
（たろうじまこうえん（さんさんとみえきゃんぷむら））

手ぶらで気軽にアウトドア体験

多郎島海水浴場を中心に広がる施設。海水浴をはじめ、魚取り体験やキャンプなどを楽しめる。シャワーと更衣室を完備し、ゴザの貸し出しなども行っている。

🚗 福江港から車で約40分。または🚩キャンプ村入口から徒歩約3分　🏠 五島市富江町土取1333　☎ (0959)86-2920　🅿 あり　URL www.sansan-tomie.jp

📷 資料館　エリア 三井楽　MAP 折り込み① B2

道の駅 遣唐使ふるさと館
（みちのえき けんとうしふるさとかん）

休憩にぴったりな福江島観光の中継基地

遣唐使に関する展示をはじめ三井楽の歴史や自然、文化を紹介。展望台からは三井楽の大自然を眺められる。物産品販売やレストランも併設されている。

🚗 福江港から車で約35分　🏠 五島市三井楽町濱ノ畔3150-1　☎ (0959) 84-3555　🕘 9:00〜18:00　休 なし　🅿 あり　URL kentoushi-furusatokan.com

voice　多郎島公園では予約制で伝統のすけ漁を体験できる。これは潮が満ちたときに磯に小石を並べて石垣を作り、潮が引いたときに逃げ場を失った魚を捕らえるというもの。縄文時代から伝わる古典的な漁法で、魚が豊富な五島でも盛んに行われていたそう。

美術館　エリア 福江　MAP P.58B3

山本二三美術館
やまもとにぞうびじゅつかん

二三雲で知られる五島出身の美術家

『天空の城ラピュタ』や『もののけ姫』など、日本を代表するアニメーション映画の美術監督を務めてきた山本二三氏の作品を展示。出身地の五島を描いた作品群も大迫力。

上／アトリエを再現　左下／名作の背景がいっぱい　右下／1863年築の武家屋敷を改修した

交 福江港から徒歩約10分　住 五島市武家屋敷2-2-7　電 (0959) 76-3923　時 9:00～18:00　休 月曜（祝日の場合は翌平日）　料 400円、小・中・高校生200円　駐車場 あり　URL www.goto-yamamoto-nizo-museum.com

寺院　エリア 福江　MAP 折り込み① D3

明星院
みょうじょういん

五島で最も古い木造建築物

本堂の天井には狩野永徳の弟子で、五島藩絵師の大坪玄能による121枚の花鳥図が並ぶ。中央に黒龍、四隅に上半身が人間で下半身が鳥の図を配すなど独特の構成をもつ。

左／精密に描かれた花と鳥の天井絵。かつては極彩色だった　右上／現在の本堂は、1778年に再建されたもの　右下／静かな境内は神秘的な雰囲気

交 福江港から車で約10分。または❶明星院からすぐ　住 五島市吉田町1905　電 (0959) 72-2218　時 9:00～12:00、13:00～17:00　休 月曜、1・28日　駐車場 あり

市場　エリア 福江　MAP P.58C1

福江市魚市
ふくえしうおいち

活気あふれる競りを見学

早朝に五島近海で取れた魚が並ぶ。購入はできないが競りの見学は可能。毎朝5:30頃から準備が始まるので、6:30頃に行くのがベスト。床がぬれて滑りやすいので注意して。

交 福江港から車で約5分　住 五島市福江町1190-76　電 (0959)72-1541　時 6:00～10:00頃　休 不定休　駐車場 あり

温泉　エリア 玉之浦　MAP 折り込み① B3

荒川温泉 足湯
あらかわおんせん あしゆ

バスの待合所を足湯に改装

古くから湯治場として知られた荒川温泉にある無料の足湯。バスの停留所を改装しているのがユニーク。昼間からのんびりくつろぐ島の人の姿も。

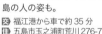

交 福江港から車で約35分　住 五島市玉之浦町荒川276-7　電 (0959)87-2216(五島市役所玉之浦支所)　時 9:00～17:00　休 なし　駐車場 なし

寺院　エリア 玉之浦　MAP 折り込み① B4

大宝寺
だいほうじ

空海が布教をした西の高野山

701（大宝元）年の建立とされる五島最古の寺。806年、空海が唐の帰りに寄り、布教をしたと伝わる。本殿には、最澄が寄進した十一面観音や左甚五郎作の猿の彫刻がある。

交 福江港から車で約40分　住 五島市玉之浦町大宝631　電 (0959)87-2471　時 8:00～18:00　休 なし　駐車場 あり

温泉　エリア 富江　MAP 折り込み① C3

富江温泉センターたっしゃかランド
とみえおんせんせんたーたっしゃからんど

温泉とプールで1日中楽しめる！

大浴場や打たせ湯、露天風呂などを備えた温泉施設。冷え症に効果的な塩化物泉を引いている。プールも併設され家族連れに人気。

交 福江港から車で約25分。または❶宮下からすぐ　住 五島市富江町松尾662-2　電 (0959)86-3939　時 10:00～20:00　休 水曜　料 520円（プールは310円）　駐車場 あり

voice＜ 大宝寺の本殿から境内奥へ向かうと、小高い丘に奥の院が立つ。院内に祀られる子宝地蔵は、裸で抱きつくと子供を授かると、古くから地元の人たちに信仰されてきた。現在は、結婚成就や安産祈願のために多くの拝観者が訪れる。

いけす割烹 心誠
いけすかっぽう しんせい

居酒屋　エリア 福江　MAP P.58A2

新鮮な魚介を中心に五島の味覚を楽しむ

　大きな生けすに多種多様な魚が泳ぐ福江島随一の人気店。旬の魚介を中心に郷土料理を味わえる。五目釜飯 900 円や生うに釜飯 3500 円〜など約 20 種以上の釜飯も名物。

左／ハコフグ 2000 円〜やキビナゴ 1000 円〜など名物料理が　右上／予約必至！　右下／板場を囲むカウンター

🚶 福江港から徒歩約15分　🏠 五島市福江10-5
☎ (0959) 74-3552　🕐 11:00〜13:30、17:00〜22:00 (L.O.21:00)
休 不定休　カード 可　駐車場 あり　URL www.shinsei.asia

和風レストラン 望月
わふうれすとらん もちづき

ステーキ　エリア 福江　MAP P.58A2

軟らかく深みのある五島牛のステーキ

　五島牛なら望月と、地元でも知られた存在。ミネラル豊富な牧草を食べて育った、うま味が凝縮された赤身を味わえる。じっくり煮込んだビーフシチュー 2100 円もおいしい。

左／黒胡椒がうま味を引き立てる特選五島牛ロースステーキセット (150g) 4700 円　右上／手頃な五島牛丼 1050 円　右下／テーブルと小あがりを用意

🚶 福江港から徒歩約15分　🏠 五島市福江町5-12　☎ (0959)72-3370　🕐 11:00〜14:00 (L.O.)、17:00〜20:00 (L.O.) ※材料がなくなり次第終了　休 火曜　カード 可　駐車場 あり

四季の味 奴
しきのあじ やっこ

和食　エリア 福江　MAP P.58A2

王道の魚介料理が揃う福江きっての老舗店

　福江島で魚を味わうならここ、と評判の割烹料理店。L 字型のカウンターに座ると、目の前の水槽に地魚やエビが泳ぐ。旬の魚介をさまざまな調理法で楽しませてくれる。

上／アラカブのから揚げ 800 円〜と刺身盛り合わせ 2000 円〜　左下／陽気な大将との会話も楽しみ　右下／福江の中心部に立つ

🚶 福江港から徒歩約10分　🏠 五島市中央町4-10
☎ (0959) 72-3539　🕐 18:00〜22:30 (L.O.22:00)
休 月曜 (不定休あり)　駐車場 なし

寿し善
すしぜん

寿司　エリア 福江　MAP 折り込み① D2

地元の人も認めるコスパ抜群の地魚にぎり

　常連が足しげく通う、安くておいしい寿司店。にぎりやちらしは 900 円からと格安。地元で取れた魚介を中心に揃え、人気店だからこそ常に新鮮なネタが提供できる。

上／上にぎり 1600 円。魚のアラたっぷりの白だし 300 円も美味　左下／特に昼は予約が安心　右下／カウンターのほかに座敷も

🚶 福江港から車で約12分。または 🚌 馬責馬場から徒歩約2分
🏠 五島市木場町241-15　☎ (0959) 72-7951
🕐 11:00〜21:00　休 不定休　駐車場 あり

Voice 五島牛を気軽に味わいたい人におすすめなのが、富江町にある精肉店「ニク勝」。五島牛で有名な肉屋さんなのだが、五島牛入りコロッケは知る人ぞ知る名物。富産のジャガイモとうま味のある五島牛の組み合わせで、ソースがなくてもおいしいと評判！

居酒屋　エリア 福江　MAP P.58A3

海鮮なないろ
かいせんなないろ

肉厚の刺身を豪快に盛った一皿が圧巻

　若いおしどり夫婦が営む店。五島産を中心とした刺身盛りは1人前1850円〜で2人前から提供。肉厚に切るのがこだわりで、しっかりとした歯触りとうま味を楽しめる。

左／キビナゴやハガツオなど旬の魚を楽しめる。カキは五島産のジン「ゴトジン」右上／靴を脱いで入るリラックスできる店　右下／カウンター越しに大将との会話が弾む

🚶 福江港から徒歩約20分　🏠 五島市三尾野1-1-16
☎ (0959)76-3335　🕐 18:00〜22:00 (L.O.21:00)　休 水曜
カード 可　駐車場 あり　📷 nanairo.goto

居酒屋　エリア 福江　MAP P.58A2

しま味彩
しまあじさい

気さくな女将と明るい娘さんに会いに行こう

　島で評判の居酒屋が2022年に店名と場所を変えてリニューアルオープン。五島産ブリの西京焼き780円や五島牛のローストビーフ2000円〜ほか、刺身も充実している。

上／気軽な居酒屋メニューが揃う。豚バラや野菜の串揚げも評判　左下／商店街のメイン通りの赤提灯が目印　右下／五島の焼酎を味わえる

🚶 福江港から徒歩約13分　🏠 五島市末広町2-2
☎ (0959)75-0551　🕐 18:00〜22:00 (L.O.21:00)
休 日曜　カード 可　駐車場 あり

居酒屋　エリア 福江　MAP P.58A2

居酒屋茶づ茶
いざかやなづな

地元食材を使うおふくろの味

　五島の家庭料理を味わえる商店街にある居酒屋。キビナゴの刺身900円、一夜干し500円、タカセミナ500円〜など地元ならではの食材を堪能できる。うなぎの蒲焼1800円もおすすめ。

🚶 福江港から徒歩約13分　🏠 五島市末広町2-5
☎ (0959)72-5368　🕐 17:00〜23:00　休 日曜　駐車場 なし

和食　エリア 福江　MAP P.58A2

五松屋
ごまつや

五島の旬を味わう小料理屋

　毎日仕入れる新鮮な魚介を、ひと手間かけて出してくれる小料理屋。ハガツオ刺身や天ぷら盛りなど豊富なメニューが揃う。まずはその日のおすすめ料理をチェックして。

🚶 福江港から徒歩約15分　🏠 五島市福江町12-1
☎ (0959)74-5667　🕐 17:30〜22:00　休 日曜　駐車場 なし

焼肉　エリア 福江　MAP P.58B2

味よし
あじよし

貴重な五島牛を焼肉で味わって

　家族で経営する地域密着の焼肉店。仕入れにもよるが、五島牛を1頭買いしているので上カルビでも1700円ほどで味わえるのがうれしい。軟らかい五島牛は焼肉に最適！

🚶 福江港から徒歩約10分　🏠 五島市中央町3-23
☎ (0959)72-7608　🕐 17:00〜22:00　休 月曜　駐車場 あり

和食　エリア 福江　MAP P.58A2

葵
あおい

つまみから定食まで豊富な和食処

　一品料理のほか、牛かつ定食1200円など食事が充実しているので、夕食にも重宝する和食店。五島牛もつ焼き800円やサザエ700円など、居酒屋としてもハイレベル。

🚶 福江港から徒歩約15分　🏠 五島市福江町12-5
☎ (0959)74-1631　🕐 18:00〜22:00　休 火曜　駐車場 あり

 地元出身の友達にすすめられて、小料理屋の五松屋に行ってきました。観光客は私ひとりであとは地元の常連さん。ちょっと不安になりましたが、料理はすべておいしいし、お客さんとの会話も楽しめるすてきな時間を過ごせました。　　　　（東京都　マーブルさん）

ぐり家
居酒屋　**エリア** 福江　**MAP** P.58A3

ぐりや

島の食材を居酒屋料理で楽しむ

新鮮な魚介はもちろん、五島牛や地鶏しまさざなみなど五島の食材を味わえる。刺身盛り合わせ1500円ほか、定食や麺など食事も。

🚶 福江港から徒歩約20分
🏠 五島市三尾野町1-1-14
☎ (0959)88-9686　⏰ 18:00〜22:00(L.O.21:20)　休 月曜
カード 可※5000円以上　駐車場 なし

椿茶屋
ろばた焼き　**エリア** 香珠子　**MAP** 折り込み① C3

つばきぢゃや

こだわりの食材を囲炉裏で焼こう

海を一望する高台の古民家風レストラン。昼食コース3850円など厳選食材をろばた焼きで味わえる。

🚗 福江港から車で約20分。または❶香珠子から徒歩約10分　🏠 五島市浜町1255-1
☎ (0959)72-5510　⏰ 11:00〜21:00　休 水曜(祝日は営業)
予約 前日の15:00までに必要　カード 可　駐車場 あり

焼鳥　廣ノ翼
焼き鳥　**エリア** 福江　**MAP** P.58B1

やきとり こうのとり

通いたくなる、居心地のよい空間

通路の奥にひっそりとたたずむ隠れ家的な焼鳥屋。焼鳥は1本110円〜、五島地鶏串は220円。常連客にはホクホクのこうのとりコロッケ550円が人気。

🚶 福江港から徒歩約10分
🏠 五島市江川町2-4　☎ (0959)72-5570
⏰ 18:00〜22:00 (L.O.21:30)　休 月曜　駐車場 なし

洋風居酒屋リバプール
居酒屋　**エリア** 福江　**MAP** P.58B2

ようふういざかやりばぷーる

地元の若者に人気のカジュアル店

活気があるにぎやかな店内に、仕切りで分かれた個室風の席が並ぶ。刺身など島の食材はもちろん、それ以外のメニューも充実している。人気なので予約を！

🚶 福江港から徒歩約13分
🏠 五島市中央町4-34　☎ (0959)72-2395　⏰ 18:00〜23:00 (L.O.22:00)　休 日曜　駐車場 なし

和風料理家 Sagara
居酒屋　**エリア** 福江　**MAP** P.58B2

わふうりょうりや さがら

地元の若者が集まる創作和食店

椿油を使用した海鮮カルパッチョ1600円やぷりぷりエビマヨ800円は女性に人気。ランチは五島豚の生姜焼きやトンカツなど。

🚶 福江港から徒歩約10分
🏠 五島市中央町7-4
☎ (0959)72-7137　⏰ 11:00〜14:00 (L.O.)、17:00〜21:00 (L.O.)
休 不定休　駐車場 あり　URL sagara0617-goto.com

お食事処八波
居酒屋　**エリア** 福江　**MAP** P.58B2

おしょくじどころやつなみ

郷土料理を中心に福江の味を提供

五島うどんの地獄炊き880円やキビナゴのいり焼き990円など、五島の家庭料理が充実したアットホームな食事処。夜までうどんや定食があり、到着が遅くなったときに重宝する。

🚶 福江港から徒歩約10分　🏠 五島市栄町5-15　☎ (0959)74-1091　⏰ 18:00〜22:30　休 第1・3・5月曜　駐車場 なし

民宿あびる
和食　**エリア** 岐宿　**MAP** 折り込み① C2

みんしゅくあびる

五島の魚介をリーズナブルに

料理自慢の民宿に併設された食事処。島の食材にこだわり、刺身を中心としたおまかせコース2300円〜などを楽しめる。

🚗 福江港から車で約30分
🏠 五島市岐宿町岐宿3323-2
☎ (0959)82-0251　⏰ 11:30〜13:00、17:00〜21:00　休 日曜
カード 可　駐車場 あり　予約 必要　URL abiru-goto.com

こんねこんね 調
居酒屋　**エリア** 福江　**MAP** P.58C2

こんねこんね ととのえ

潮風が香るアットホームな空間

新鮮魚介を中心に地の食材を使った創作料理を堪能。刺身盛りは人数に合わせて調理してくれる。冬は炭火で焼ガキを。

🚶 福江港から徒歩約5分
🏠 五島市東浜町1-9-17
☎ 090-9959-0053　⏰ 18:00〜21:00　休 月〜水曜
カード 可　駐車場 なし　📷 konnekonne9

地元で五島うどんといえば、温かいアゴだしスープと合わせたかけうどんが定番。とはいえ、冷やして食べられないわけではなく、五島ざるうどんや五島ぶっかけうどんを出している店も多い。ぜひ両スタイルを試してみよう。

ちゃんぼん　[エリア] 福江　[MAP] P.58C2

宝来軒
ほうらいけん

島民の笑顔を 60 年支えるトンコツスープ

　福江港の前で 1967 年から続く老舗。トンコツのうま味と甘味を凝縮したちゃんぼん 700 円や皿うどん 750 円は、地元の常連客も多い福江の味。五島うどんも味わえる。

左／ちゃんぼんは豚肉やさつま揚げなど具材がたくさん。中太麺にトンコツスープがよく絡む
右上／7：00 開店なので朝食に利用も◎
右下／ラーメン 600 円とセットの半焼き飯 250 円

🚶 福江港から徒歩約2分　🏠 五島市東浜町1-9-15　☎ (0959) 72-4351　🕐 7:00〜16:00　🈺 月曜　🅿 あり

定食　[エリア] 福江　[MAP] P.58C2

うま亭
うまてい

福江島に着いたらまずここへ

　ご夫婦で切り盛りすることと 40 年以上の老舗定食屋。焼き魚や小鉢が付いた、五島肉うどん定食 1000 円など、どれもボリュームたっぷり。地元客にも人気が高く、昼はいつも大にぎわい。

🚶 福江港から徒歩約3分　🏠 五島市東浜町1-8-3　☎ (0959)74-3981　🕐 10:00〜16:30　🈺 水曜　🅿 あり

うどん　[エリア] 福江　[MAP] 折り込み① D2

五島手延うどん おっどん亭
ごとうてのべうどん おっどんてい

製麺所併設の食堂でできたての五島うどんを！

　中通島に本社をもつ中本製麺の直営店。名物の地獄炊きうどん 800 円など、のど越しのよい五島うどんを堪能。麺やスープの販売も。

🚶 福江港から車で約10分　🏠 五島市吉久木町831-1　☎ (0959) 72-4846　🕐 11:00〜14:30（売店は9:00〜17:00）　🈺 火曜　🅿 あり　URL gotoudon-nakamoto.com/ottdontei

---

中国料理　[エリア] 玉之浦　[MAP] 折り込み① B3

とうがらし
とうがらし

保育園跡に登場したうわさの中華

　長崎や横浜で修業を積んだシェフが腕を振るう本格中華。ていねいに仕込んだ料理が評判を呼んでいる。一品料理は大小選べる。

🚶 福江港から車で約35分。または❶老人ホーム前から徒歩約2分　🏠 五島市玉之浦町荒川719-1　☎ 080-2733-4708　🕐 11:00〜14:30 (L.O.14:00)、18:00〜21:30 (L.O.21:00)　🈺 月曜　🅿 あり

ラーメン　[エリア] 富江　[MAP] 折り込み① C3

ラーメン敏
らーめんとし

地元で定番の行列ができる店

　富江港近くの目立たない場所にありながら、地元の人でいつもにぎわう店。とろみのあるスープにピリッと塩味が絶妙な、えび塩ラーメン 800 円が人気。

🚶 福江港から車で約30分　🏠 五島市富江町松尾671　☎ (0959) 86-2845　🕐 11:00〜14:00、17:00〜19:00　🈺 火曜　🅿 あり

郷土料理　[エリア] 福江　[MAP] 折り込み① D2

産直市場 五島がうまい 農家レストラン
さんちょくいちば ごとうがうまい のうかれすとらん

農業協同組合が五島の食材をお届け

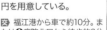

　平日は五島産コシヒカリやサラダがお代わり自由の定食。土・日曜は島の食材を使ったバイキング 1500 円を用意している。

🚶 福江港から車で約10分。または❶病院北口から徒歩約3分　🏠 産直市場 五島がうまい内→P.68　☎ (0959) 88-9933　🕐 11:00〜14:00　🈺 水曜　🅿 あり

カフェ　[エリア] 福江　[MAP] P.58B2

こふひいや
こふひいや

しっとり落ち着く昭和純喫茶

　1979 年オープンのどこか懐かしい雰囲気の喫茶店。創業以来の味を守るチーズケーキとコーヒーのセットほかスイーツも充実。

🚶 福江港から徒歩約10分　🏠 五島市栄町2-14　☎ (0959) 72-5777　🕐 10:00〜21:00（日曜10:00〜20:00）　🈺 火曜　🅿 あり　URL juicy-8.wixsite.com/coffee-ya

---

VOICE 伝統的な手作業でバラモン凧を製作する五島民芸では長さ 45cm から 150cm までのバラモン凧を販売。大型の凧は布張りで名前も入れられる。🏠 五島市上大津町 1387　☎ (0959)72-8591　🕐 9:00 〜 17:00　🈺 なし　URL www.gotomingei.com

カフェ ［エリア］福江 ［MAP］折り込み① D3
カフェレストラン木馬
かふぇれすとらんもくば

紺碧の海を見渡す高台の一軒家カフェ

大きな窓から海を望むホテル併設のカフェ。青空に映える白壁と円錐形の屋根が印象的。五島の食材を使った西洋料理やヨーロッパのビール、スイーツなどが揃う。

上／海を眺めながら木馬パフェ1100円を　左下／ドイツから輸入のダルマイヤコーヒー715円　右下／カツサンド1100円

🚗 福江港から車で約15分　🏠 五島市向町2527　📞 (0959)73-7117　🕐 11:00～20:00※ランチは～14:00 (L.O.)　休 火曜　🅿 あり

カフェ ［エリア］福江 ［MAP］折り込み① D3
ソトノマ
そとのま

自宅のようにくつろげるコミュニティスペース

商店を改装したカフェは、低めのテーブルが並ぶ居心地のよい空間。色とりどりの野菜をはじめ島の食材を使ったプレートやカレーなどを味わえる。食材や雑貨の販売も。

上／手作り感のある快適な店内　左下／スイーツも充実している　右下／ワークショップやイベントが開催されることも

🚗 福江港から車で約10分　🏠 五島市堤町1348-1　📞 (0959)88-9191　🕐 10:00～16:00 (ランチ～14:00)　休 木・金曜　🅿 あり　📷 sotonoma_goto

カフェ ［エリア］福江 ［MAP］折り込み① C2
マヤファクトリー
まやふぁくとりー

有機栽培のお茶も販売

アットホームな雰囲気のなかでくつろげるカフェ。自家焙煎のコーヒー500円は、香りが豊か。自家菜園のバジルから抽出したハーブチンキ1000円も。

🚗 福江港から車で約15分
🏠 五島市籠淵1144-5　📞 (0959)88-9123　🕐 土曜の15:00～17:00　休 日～金曜、祝日　🅿 あり

カフェ ［エリア］奥浦 ［MAP］折り込み① D2
ねこたま Shop & Cafe
ねこたま しょっぷ あんど かふぇ

体に優しいオーガニックなランチはいかが？

古民家を改装した店内で、人気のコロッケプレートほか、無農薬の自家栽培野菜を使用したメニューを楽しめる。地元の方が製作した雑貨やアクセサリーを販売。

🚗 福江港から車で約15分
🏠 五島市奥浦町1560　📞 (0959)73-0730　🕐 10:30～17:30　休 月～土曜　🅿 あり　[URL] www.nekotamashop.com

カフェ ［エリア］福江 ［MAP］P.58B3
Serendip Coffee
せれんでぃっぷ こーひー

島でワーケーションもOK

電源やWi-Fi完備でワーケーションの基地に最適。シングルオリジンのコーヒー450円やカフェラテ600円、カフェモカ650円を飲みながら仕事もはかどる。

🚗 福江港から徒歩約10分
🏠 Serendip Hotel Goto1階→P.70　📞 (0959)72-3151　🕐 7:00～21:00　休 なし　カード 可　🅿 あり

ハンバーガー ［エリア］福江 ［MAP］折り込み① D2
BURGER STAND BAKUBAKU
ばーがー すたんど ばくばく

五島牛を使った肉厚バーガーを丸かじり

テイクアウト専門店。クラシックバーガー880円はジューシーなパテがフカフカのバンズにマッチ。ポテトやナゲット、ドリンクも提供。

🚗 福江港から車で約10分
🏠 五島市吉田町2482-1
📞 090-5154-1181　🕐 10:00～17:00 (日曜・祝日～15:00)　休 火曜、隔週日曜　カード 可　🅿 あり　📷 bakubaku.510

Voice 奥浦地区の奥浦海鮮直売所では、土・日曜に新鮮な魚や加工品を販売。養殖マグロも扱っており、解体のタイミングに行けば生マグロが買えることも。🏠 五島市奥浦町2153　📞 (0959)73-0111　🕐 10:00～16:00　休 月～金曜　🅿 あり

🎁 おみやげ　エリア 福江　MAP P.58C2

五島市観光協会売店
ごとうしかんこうきょうかいばいてん

乗船前におみやげをゲット

五島のおみやげが揃う便利な店。椿油1540円、サンゴのネックレス3万8500円〜など多彩。大きなみやげ物店が少ない五島では、立地もよくありがたい存在。

🚌 福江港ターミナル内
🏠 五島市東浜町2-3-1 福江港ターミナル1階　📞 (0959)72-2963
🕐 8:30〜16:50　🈳 なし　🅿️ あり

🎁 おみやげ　エリア 香珠子　MAP 折り込み① C3

五島椿物産館
ごとうつばきぶっさんかん

自家製の塩や柚子胡椒が評判

椿油からかんころ餅まで、定番みやげが揃う。自家製の塩を使った塩キャラメル540円や塩ようかん648円などオリジナル商品も。

🚌 福江港から車で約20分。または❶香珠子から徒歩約10分　🏠 五島市浜町1255-1　📞 (0959)73-5921　🕐 9:00〜17:00
🈳 水曜（祝日は営業）　💳 可　🅿️ あり

🎁 おみやげ　エリア 福江　MAP 折り込み① D3

鬼岳四季の里
おにだけしきのさと

喫茶店も併設した鬼岳観光の起点

鬼岳の入口に立つ施設。店内には海産物や五島うどんなど、食品を中心とした定番みやげが並ぶ。五島うどんをはじめ軽食が食べられる喫茶店も併設している。

🚌 福江港から車で約15分
🏠 五島市上大津町2873-1　📞 (0959)74-5469
🕐 11:00〜16:00（食事は〜13:30）　🈳 なし　🅿️ あり

🍰 お菓子　エリア 福江　MAP P.58B2

はたなか
はたなか

福江島を代表する銘菓を製造

50年の歴史を誇る銘菓、治安孝行の製造元。水飴で練り上げた餅を粒あんで包み、きな粉をまぶした誰もが好きな味。レモンケーキなど洋風のお菓子も。

🚌 福江港から徒歩約10分
🏠 五島市中央町7-20　📞 (0959)72-3346　🕐 8:00〜19:00
🈳 なし　🅿️ あり　🌐 www.hatanaka.cc

🐟 海産物　エリア 福江　MAP P.58A2

山本海産物
やまもとかいさんぶつ

豊かな自然に育まれた特産品

福江の商店街に店を構える海産物専門店。乾物の香りが漂う店内には五島の特産品がいっぱい。7月の塩ウニや10〜12月の本カラスミなど季節のおみやげも。

🚌 福江港から徒歩約15分
🏠 五島市末広町3-1　📞 (0959)72-2826　🕐 8:30〜18:30　🈳 なし
💳 可　🅿️ なし　🌐 shop.yamamoto-kaisanbutsu.jp

🍷 ワイン　エリア 福江　MAP 折り込み① D3

五島ワイナリー
ごとうわいなりー

有機栽培のブドウを使うご当地ワイン

五島コンカナ王国に併設された、長崎県初のワイナリー。店内には五島産のスパークリング、白、赤、ロゼワインが並びテイスティングもできる。

🚌 福江港から車で約15分
🏠 五島コンカナ王国内→P.69　📞 (0959)74-5277　🕐 11:00〜20:00
🈳 木曜、月末　💳 可　🅿️ あり　🌐 www.goto-winery.net

🎁 おみやげ　エリア 福江　MAP 折り込み① D2

長崎五島 ごと
ながさきごとう ごと

濃厚な石焼イモが通販で大人気

看板商品は、福江島産のサツマイモを使った焼きごと芋780円。ねっとり甘いイモは、平均糖度がメロンの2倍にあたる36度も!

🚌 福江港から車で約10分。または❶病院北口から徒歩約3分
🏠 五島市吉久木町726-1　📞 (0959)75-0111　🕐 10:00〜18:00
🈳 なし　🅿️ あり　💳 可　🌐 nagasakigoto.net

🎁 特産品　エリア 福江　MAP 折り込み① D2

産直市場 五島がうまい
さんちょくいちば ごとうがうまい

産地直送の農産物がいっぱい

ごとう農業協同組合が運営する農産物直売所。野菜や果物はもちろん、五島牛や五島豚、海産物も買える。

🚌 福江港から車で約10分。または❶病院北口から徒歩約3分
🏠 五島市籠渕町2450-1
📞 (0959)88-9933　🕐 9:00〜18:30（7〜8月は〜19:00）
🈳 なし　🅿️ あり　🌐 www.ja-goto.or.jp/santyoku

---

voice 16世紀、明の王直という貿易商が福江に居宅を構えたため、周辺は唐人町と呼ばれた。今でも中国式の井戸や再建された廟堂などが点在し、海洋貿易の拠点として活気に満ちていた時代に思いをはせることができる。

鯖鮨　エリア 福江　MAP 折り込み① D3

三井楽水産　鬼鯖店
みいらくすいさん　おにさばてん

脂ののった贅沢な鯖鮨に感激

東シナ海で揚がる天然マサバを独自の酢で締めた、うま味たっぷりの鬼鯖鮨。米は五島産のヒノヒカリを使い、昆布で巻いた鬼鯖鮨ダブルが1本1620円。

🚃 福江港から車で約8分　🏠 五島市上大津町1161-1　📞 (0959) 88-9110　🕐 9:00～17:00　休 火曜　カード 可　駐車場 あり　URL onisaba.com

お菓子　エリア 福江　MAP P.58B2

松風軒
しょうふうけん

素朴な餅菓子、八匹雷(はっちかんかん)を

ショーケースにケーキが並ぶ洋菓子店は、実は五島の銘菓、八匹雷の製造元でもある。おみやげに人気の鬼岳ロール900円のほか季節のショートケーキ300円～なども販売している。

🚃 福江港から徒歩約10分　🏠 五島市中央町1-37　📞 (0959)72-4271　🕐 7:00～18:30　休 月曜(祝日の場合は翌日)　駐車場 あり

ホテル　エリア 福江　MAP 折り込み① D3

五島コンカナ王国
ごとうこんかなおうこく

豊かな自然に恵まれた高原リゾート

空港まで車で約5分の鬼岳の中腹に立つリゾートホテル。自然に包まれた広い敷地に、多彩なタイプの客室が点在する。和食と洋食のレストラン、温泉、エステなど施設が充実。五島のブドウを使ったワイナリー(→ P.68)も併設されている。

左／浅いキッズ用のプールも用意　右上／かわいいチャペルが立つ　右下／客室はシックなインテリアで統一

🚃 福江港から車で約15分　🏠 五島市上大津町2413　📞 (0959)72-1348　📋 素7000円～、朝9250円～、朝夕1万5850円～　客室数 46室　カード 可　駐車場 あり　URL conkana.jp

ホテル　エリア 福江　MAP P.58B2

カンパーナホテル
かんぱーなほてる

和服の仲居さんが出迎える洋風旅館

港も商店街も徒歩圏内の好立地。外観や内装は洋風の華やかなデザインだが、室内は落ち着いて過ごせる旅館というユニークな造り。大浴場からは福江の中心部を見渡せる。食事は全個室の高級和食処「萬葉」で。

左／吹き抜けが気持ちよいロビー　右上／寝室にベッドを配した和洋室　右下／眺望のよさが自慢の大浴場

🚃 福江港から徒歩約5分　🏠 五島市東浜町1-1-1　📞 (0959)72-8111　📋 素1万450円～、朝1万1550円～、朝夕1万7050円～　客室数 36室　カード 可　駐車場 あり　URL campanahotel.com

ホテル　エリア 福江　MAP P.58B2

Goto Tsubaki Hotel
ごとう つばき ほてる

福江港を見守るランドマーク

港を望む海沿いのホテル。客室は五島の海をイメージした藍色を基調とし、壁にトビウオがあしらわれるなど遊び心がうれしい。食事は1階の Tsubaki Kitchen でイタリアンを。

上／食事処が集まる福江の中心部にもすぐ　左下／全室、快適なシモンズのベッドを採用　右下／明るいレストラン

🚃 福江港から徒歩約5分　🏠 五島市栄町1-57　📞 (0959) 74-5600　📋 素7700円～、朝8250円～、朝夕1万4300円～　客室数 81室　カード 可　駐車場 あり　URL gototsubakihotel.com

Voice 福江島では、福江港から徒歩10分ほどの福江商店街に飲食店が集中している。国道384号の文化会館前交差点を入った新栄通りと、新栄通り交差点から福江郵便局にかけてのアーケード街に、定食屋や居酒屋が軒を連ねているので行ってみて！

🏨 ホテル　エリア 福江　MAP P.58B3

Serendip Hotel Goto
せれんでぃっぷ ほてる ごとう

すてきな出会いがありそうな場所

　福江城まで徒歩2～3分の町歩きに最適なホテル。客室は五島の自然を想起させるナチュラルカラーでデザインされている。カフェや居酒屋など施設も充実しており居心地がよい。

🚌 福江港から車で約10分　🏠 五島市武家屋敷1-7-12　☎ (0959) 72-3151　💰 素4950円～、朝5850円～　🛏 27部屋
💳 可　🅿 あり　URL www.serendiphotelgoto.com

🏨 ホテル　エリア 福江　MAP P.58A2

ホテルダウンタウン
ほてるだうんたうん

コスパがよくリピーターに人気

　福江の中心地に立つ、清潔感のあるビジネスホテル。シンプルだが評判がよく、ていねいな接客にリピーターも多い。朝食は1階の喫茶店で、和・洋食のほかカレーも用意している。

🚌 福江港から徒歩約15分　🏠 五島市末広町3-9
☎ (0959)74-3939　💰 素5500円～、朝6600円～　🛏 27室
💳 可　🅿 あり　URL down-town.co.jp

🏨 コンドミニアム　エリア 福江　MAP P.58B2

ジャスミン
じゃすみん

五島の旅を豊かにする上質な空間

　ビルの1フロアをリノベーションした1日1組限定の宿。福江港まで近く周囲には飲食店が充実しているので旅の拠点に最適。最大5人まで利用可能とグループ旅行にも好評。

🚌 福江港から徒歩約10分　🏠 五島市栄町4-11
☎ 070-8985-7581　💰 1室2万2000円～（2人）　🛏 1室
🅿 あり　💳 可　URL gotojasmine.com

🏨 ゲストハウス　エリア 玉之浦　MAP 折り込み① B3

ネドコロ ノラ
ねどころ のら

畳の上でのんびり昼寝はいかが？

　古民家を改装した男女混合ドミトリー。海や温泉が近く、動き回らずにゆっくりと過ごしたい人におすすめ。ファミリーやグループで貸し切りもできる。

🚌 福江港から車で約40分
🏠 五島市玉之浦町荒川274-4　☎ 080-2789-4846（受付10:00～17:00）　💰 素8000円～　🛏 1室（定員10人）　🅿 あり
URL nedokoro-nora.com

🏨 ゲストハウス　エリア 福江　MAP 折り込み① D2

五島ゲストハウスビジネス海星
ごとうげすとはうすびじねすみそら

隠れ家ビーチまで歩いてすぐ！

　オーシャンビューの静かな宿。街灯が少ないので夜は星空の美しさが格別。2段ベッドの相部屋ほか、ファミリー向けの個室も完備。スノーケリングセットやレンタカーの貸し出しもある。

🚌 福江港から車で約8分　🏠 五島市下大津町708-15
☎ (0959) 72-5540　💰 素4500円～　🛏 2室＋12ベッド
🅿 あり　💳 可　URL gotomisora.jimdofree.com

🏨 ゲストハウス　エリア 福江　MAP P.58A2

五島ゲストハウス雨通宿
ごとうげすとはうすうとじゅく

国内外からバックパッカーが集まる宿

　2段ベッドが並ぶ相部屋制のドミトリー。夜になると併設するバーに島の人と旅行者が集い、交流の場としてにぎわう。レンタカーの貸し出しも行っている。

🚌 福江港から車で約10分
🏠 五島市木場町500-5　☎ 080-6421-5468（受付9:00～19:00）
💰 素3000円～　🛏 14ベッド　🅿 あり　💳 可
URL utojuku.com

🏨 旅館　エリア 福江　MAP P.58B3

旅館中本荘
りょかんなかもとそう

城下町の情緒が漂う宿

　福江城から続く武家屋敷地区に立ち、溶岩塊の石垣などに風情を感じられる旅館。関西で修業した大将の魚料理が絶品。福江港に近く、観光の起点として便利な立地。

🚌 福江港から徒歩約12分　🏠 五島市武家屋敷1-4-41　☎ (0959) 72-3682　💰 朝9800円～、朝夕1万3200円～　🛏 11室　💳 可　🅿 あり　URL www.nakamotoso.com

🏨 民宿　エリア 三井楽　MAP 折り込み① B2

民宿西光荘
みんしゅくさいこうそう

割烹スタイルで出される料理が自慢

　広い和室を用意した家族連れも多い宿。食材と器にこだわった料理は、味、ボリュームともに島のガイドも認めるレベルの高さ。

🚌 福江港から車で約40分
🏠 五島市三井楽町濱ノ畔2973-2　☎ (0959) 84-2279
💰 素5720円～、朝6600円～、朝夕8800円～　🛏 10室
🅿 あり　URL www.saikousou.com

VOICE 福江港から見ると島の反対に位置する玉之浦。車で1時間ほどかかり、飲食店やみやげ物店はないが、日本初のルルドで知られる井持浦教会→P.35、断崖絶壁が豪快な大瀬埼灯台→P.59、静かで水がきれいな小浦海水浴場→P.54など見どころ満載。

MAP P.15 下

遊び方

久賀島
エリアガイド

ひさかじま

福江島から北に約2km。馬の蹄のような形が特徴的な久賀島は、島全体が国指定の重要文化的景観。なだらかに連なる山々はヤブツバキの原生林に覆われ、集落では棚田や養殖いかだなど昔ながらの生活風景が見られる。

📷 観る・遊ぶ

のどかな島のなかに悲しい信仰の歴史が

　豊かな自然を眺めながらのんびり過ごそう。幕末に起きたキリシタンの迫害、五島崩れは久賀島から始まっており、牢屋の窄殉教記念教会（→P.72）に遺構が。

🍵 食べる・飲む

飲料水や昼食は持参するのがベスト

　久賀島観光交流拠点センター（→P.73）で、予約をすれば昼食が取れる。それ以外に飲食店はなく商店も数軒なので、軽食や飲み物を準備したい。

🎁 買う

おみやげは少ないので見た風景を思い出に

　久賀島観光交流センターで久賀島の特産品などのおみやげが買える。ふみちゃん工房無人販売所（→P.73）のツバキを描いた石も島の名物になっている。

🏠 泊まる

民宿は1軒のみ自然に触れる民泊も

　民宿は島に1軒だけ。ただし、島の民家に泊まる民泊もあり、漁業や農業を体験しながら久賀島の自然や文化に触れられる。問い合わせは五島市観光協会（→P.134）。

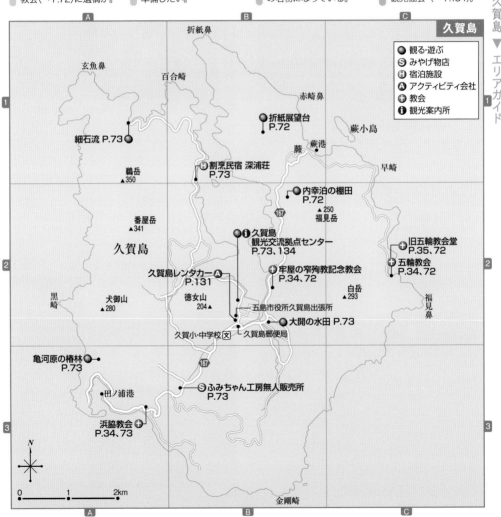

久賀島

- 🔴 観る・遊ぶ
- 🟢 みやげ物店
- 🔵 宿泊施設
- Ⓐ アクティビティ会社
- ✚ 教会
- ❶ 観光案内所

折紙鼻

玄魚鼻

百合崎

赤崎鼻

🔴 折紙展望台 P.72

蕨小島

細石流 P.73 🔴

蕨 蕨港

早崎

鵜岳 ▲350

✚ 割烹民宿 深浦荘 P.73

🔴 内幸泊の棚田 P.72

番屋岳 ▲341

167

▲250 福見岳

久賀島

🔴❶ 久賀島観光交流拠点センター P.73、134

✚ 旧五輪教会堂 P.35、72

久賀島レンタカー Ⓐ P.131

✚ 牢屋の窄殉教記念教会 P.34、72

✚ 五輪教会 P.34、72

白岳 ▲293

黒崎

犬御山 ▲280

徳女山 204▲

五島市役所久賀島出張所

福見鼻

🔴 大開の水田 P.73

久賀小・中学校 🏫 久賀島郵便局

🔴 亀河原の椿林 P.73

167

田ノ浦港

🟢 ふみちゃん工房無人販売所 P.73

✚ 浜脇教会 P.34、73

N

0 1 2km

金剛崎

voice ⟨ 久賀島レンタカー（→P.131）やカーフェリーを利用すれば、車で観光できる久賀島。ただし細い道も多く、特に亀河原椿原生林や旧五輪教会堂の周辺は、車1台がやっと通行できる道幅。舗装されていない場所も多いので注意を。

71

折紙展望台
おりがみてんぼうだい

エリア 蕨　**MAP** P.71B1
📷 展望台

島きっての高台からコバルトブルーの海を一望

　島の人たちが手作りした展望台。目の前を遮るものが何もない高台から、360度の大パノラマを見渡せる。真っ青な海に浮かぶ緑の島々はたとえようのない美しさ。途中の山道は幅が狭いので、運転には細心の注意を払って。

上／南東を見下ろすと蕨の港と集落が。沖に浮かぶのは蕨小島　左下／東屋の下でひと休み　右下／南西に広がるのは久賀湾

🚗 田ノ浦港から車で約30分　🅿️ あり

旧五輪教会堂・五輪教会
きゅうごりんきょうかいどう・ごりんきょうかい

エリア 蕨　**MAP** P.71C2
📷 教会

世界遺産の集落に立つ新旧ふたつの天主堂

　旧五輪教会堂は1881年に旧浜脇教会として建立された木造の教会。1931年に五輪地区へと移築された。1999年に国の重要文化財に指定され、現在も大切に守られている。車では行けないので、途中から歩いて小さな漁村へ入っていく。

左／板張りの半円形天井やゴシック風祭壇など内部は本格的な教会建築様式　右／海に面し福江島からのクルーズツアーも　右下／併設の五輪教会

🚗 田ノ浦港から車で約40分＋徒歩約15分　🏠 五島市蕨町993-11　🕘 9:00〜17:00　🚪 第1日曜　予約 必要。インフォメーションセンターへ→P.35　🅿️ 800m手前にあり

内幸泊の棚田
うちこうどまりのたなだ

エリア 内幸泊　**MAP** P.71B2
📷 景勝地

稲葉や稲穂と海のコントラストが芸術的

　中心部から旧五輪教会堂方面へ行く途中の内幸泊地区。左に久賀湾、右に棚田という久賀島ならではの文化的絶景が広がる。波紋のように自然に折り重なる稲田と、背後にせまる緑豊かな山々が美しい。

左／稲穂が実ると金色の絨毯を広げたような美しい景観に　右上／棚田から見下ろす久賀湾　右下／棚田の淵には手作業で組まれた石垣が残る

🚗 田ノ浦港から車で約20分　🅿️ なし

牢屋の窄殉教記念教会
ろうやのさこじゅんきょうきねんきょうかい

エリア 久賀　**MAP** P.71B2
📷 教会

五島のキリシタン迫害のきっかけとなる場所

　明治元年に始まったキリシタンの迫害。この場所では12畳ほどの牢に約200人の信者が押し込まれ、およそ8ヵ月の間に42人が死亡する悲劇が起きた。現在は慰霊碑が立てられ、五島内外から多くの巡礼者が集まる。

左／1984年に建立された聖堂　右上／迫害を受けた人々の遺骨が納められた信仰の碑。名前と年齢が刻まれている　右下／牢屋のあった場所に立つ石碑

🚗 田ノ浦港から車で約15分　🏠 五島市久賀町大開　🕘 9:00〜17:00　🚪 第3日曜9:30〜（ミサ）　🅿️ あり

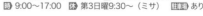

Voice 五島の渡り鳥のなかで人気が高いハチクマ。タカ目タカ科の猛禽類で、両翼を広げると130cmになる大型種。越冬するために東南アジアへ移動する途中、9月下旬〜10月上旬に福江島や久賀島周辺に飛来する。ハチクマの渡りを見られたらラッキー！

📷 教会　[エリア] 田ノ浦　[MAP] P.71A3

浜脇教会
はまわききょうかい

高台から福江島を眺める白亜の教会

　旧木造教会堂を五輪地区へ移築したあと、1931年に建てられた五島で最初のコンクリート造りの聖堂。田ノ浦湾を見下ろし、その先には福江島が迫る。

上／コウモリ天井が覆う聖堂内は、あたたかみがあり心が落ち着く　左下／ステンドグラスからやわらかな光が注ぐ　右下／聖堂に寄り添うように立つ聖母像

🚗 田ノ浦港から車で約3分　🏠 五島市田ノ浦町263
🕐 9:00〜17:00　休 第1・3・5日曜8:00〜（ミサ）　🅿 あり

📷 景勝地　[エリア] 猪之木　[MAP] P.71A1

細 石 流
さざれ

時間があれば足を運んでみよう

　見どころは島の東部に集中しているが、西部には久賀湾沿いの林道など、自然のままの風景が。石積みの桟橋が目を引く細石流の入江は、晴れた日には海面がエメラルドグリーンに輝く。

🚗 田ノ浦港から車で約50分　🅿 なし

📷 景勝地　[エリア] 久賀　[MAP] P.71B2

大開の水田
おおびらきのすいでん

ユニークなかかしが待っている

　島の中央に広がる水田地帯。春と夏に二期作されており、実りの時期には黄金色の稲穂で覆われる。刈った稲をガードレールに巻いて干すのは、久賀島ならではの風景。ふんわりと心が落ち着く香りが漂う。

🚗 田ノ浦港から車で約10分　🅿 なし

📷 景勝地　[エリア] 田ノ浦　[MAP] P.71A3

亀河原の椿林
かめごうらのつばきばやし

かわいらしいツバキの実がたくさん

　江戸時代はツバキの島と呼ばれた久賀島。港から見上げる亀河原の森には、およそ12万本のヤブツバキが自生する。2月頃には満開の花に覆われ美しい。途中の道は細く険しいので運転注意。

🚗 田ノ浦港から車で約10分　🅿 なし

📷 資料館　[エリア] 久賀　[MAP] P.71B2

久賀島観光交流拠点センター
ひさかじまかんこうこうりゅうきょてんせんたー

久賀島の観光案内所を兼ねた休憩スポット

　久賀島の世界遺産や文化的景観に関するパネルを展示。無料で入館でき、休憩所としても利用可能。特産品の販売や、予約制で昼食の提供も行っている。

🚗 田ノ浦港から車で約10分
🏠 五島市久賀町103　📞 (0959) 77-2115　🕐 9:00〜17:00
休 11〜6月の月曜（祝日の場合は翌日）　料 無料　🅿 あり

🎁 おみやげ　[エリア] 田ノ浦　[MAP] P.71B3

ふみちゃん工房無人販売所
ふみちゃんこうぼうむじんはんばいしょ

真っ赤なツバキが久賀島訪島の証

　鮮やかなツバキの花と葉を描いた久賀島の玉石100円。教会名や句を添えたものもあるので、好みの一品をチョイスしよう。ペーパーウエイトや置物など、使い道はアイデア次第。

🚗 田ノ浦港から車で約8分　🅿 なし

🏠 民宿　[エリア] 猪之木　[MAP] P.71B1

割烹民宿 深浦荘
かっぽうみんしゅく ふかうらそう

久賀湾で取れたピチピチの魚や貝を堪能

　久賀湾に面した海辺の宿。久賀島で生まれ育った料理自慢のご主人が、島の魚や野菜を使った料理を提供する。目の前の湾で調達したタイやサザエが並ぶことも。

🚗 田ノ浦から車で約35分　🏠 五島市猪之木町290-5
📞 (0959) 77-2366　料 素6000円〜、朝7000円〜、朝夕1万円〜　客室数 4室　🅿 あり

久賀島観光交流拠点センターは、140年ほど前の明治時代中期に建てられたとされる旧藤原邸を改装したもの。島を代表する文化財建造物で、高い石垣や広い庭園など、福江島の武家屋敷に並ぶ重厚感を漂わせている。

複雑な海岸線が織りなすアーティスティックな美景

MAP P.15下

奈留島（なるしま）エリアガイド

半島と深く切れ込んだ入江が連なって、ヤツデの葉のような海岸線を見せる奈留島。自然が造り出したダイナミックな地形から、世界遺産集落にあるキュートな教会まで、小さな島に見どころがギュッと詰まっている。

観る・遊ぶ

自然が生み出した芸術的な造形美

岩盤の道が小島へと続く奈留千畳敷や干潮になると玉石ビーチが浮かび上がる前島ビーチなど、スケールの大きな絶景が魅力。色使いがかわいい江上天主堂も必見。

食べる・飲む

地元客がメインの食堂で島の味覚を！

宿泊客は旅館や民宿で食事を取るのが一般的。集落の食堂では、ちゃんぽんや皿うどんなど長崎らしいメニューを味わえる。予約をすると刺身を用意してくれる店も。

買う

大工の兄弟が作る木製キーホルダー

大工を営む三兄弟が手作りする、木製キーホルダーが大人気。三兄弟工房（→P.77）のほか、奈留ターミナルの売店でも購入できる。売店には定番のお菓子も揃うので便利。

泊まる

民宿や旅館のほかキャンプもできる

日帰り客が多い奈留島には、小さな旅館や民宿が数軒のみ。そのほか宮の森総合公園ではバンガローに泊まることもできる。また民家に泊まる民泊も体験できる。

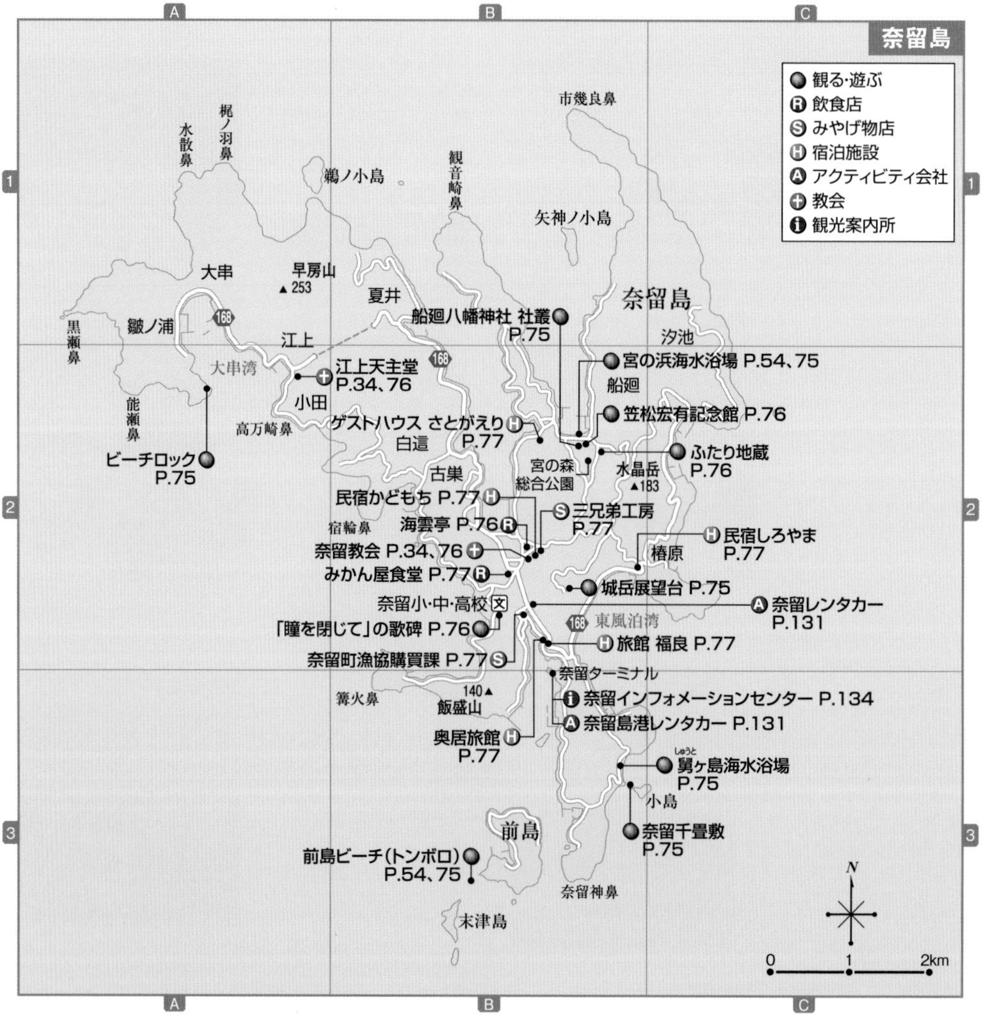
奈留島
観る・遊ぶ
R 飲食店
S みやげ物店
H 宿泊施設
A アクティビティ会社
教会
i 観光案内所
市幾良鼻
梶ノ羽鼻
水散鼻
鵜ノ小島
観音崎鼻
矢神ノ小島
大串
早房山 ▲253
夏井
奈留島
黒瀬鼻
皺ノ浦
江上
大串湾
船廻八幡神社 社叢 P.75
汐池
宮の浜海水浴場 P.54、75
船廻
江上天主堂 P.34、76
小田
能瀬鼻
高万崎鼻
笠松宏有記念館 P.76
ゲストハウス さとがえり P.77
白這
ビーチロック P.75
宮の森総合公園
ふたり地蔵 P.76
水晶岳 ▲183
古巣
民宿かどもち P.77
三兄弟工房 P.77
宿輪鼻
海雲亭 P.76
民宿しろやま P.77
奈留教会 P.34、76
椿原
みかん屋食堂 P.77
城岳展望台 P.75
奈留小・中・高校
奈留レンタカー P.131
「瞳を閉じて」の歌碑 P.76
東風泊湾
旅館 福良 P.77
奈留町漁協購買課 P.77
奈留ターミナル
140▲
篝火鼻
飯盛山
奈留インフォメーションセンター P.134
奈留島港レンタカー P.131
奥居旅館 P.77
舅ヶ島（しゅうと）海水浴場 P.75
小島
前島
奈留千畳敷 P.75
前島ビーチ（トンボロ） P.54、75
奈留神鼻
末津島
N
0 1 2km

voice< 奈留ターミナル内にある奈留インフォメーションセンター（→P.134）では、島の地図をはじめ、ショップや見どころが掲載されたパンフレットなどがもらえる。 MAP P.74B3 交 奈留ターミナル内 時 7:00～18:00 休 なし

城岳展望台
📷 展望台　エリア 泊　MAP P.74B2
しろたけてんぼうだい

海風を浴びながら福江島や久賀島を一望

　城岳という名称は、かつてこの地に住んでいた豪族の奈留氏が、山頂に城を構えたことに由来。展望台からは奈留島の海岸線をはじめ、周辺の島々が眺められる。アスレチック施設があり、子供連れのファミリーも楽しめる。

上／島中央部の集落から北に開ける入り組んだ湾
左下／高倍率の望遠鏡が
右下／南東方向に浮かんでいるのは椛島（かばしま）

🚌 奈留ターミナルから車で約30分　🅿 あり

舅ヶ島海水浴場
📷 海水浴場　エリア 泊　MAP P.74B3
しゅうとがしまかいすいよくじょう

小石でできたビーチをのんびり散歩

　丸みを帯びた小石が500mにわたって続く穏やかなビーチ。奈留千畳敷の絶景を見ながら過ごすことができ、古くから島の人々が集う行楽地になっている。透明度も抜群！

🚌 奈留ターミナルから車で約10分　🅿 あり

奈留千畳敷
📷 景勝地　エリア 泊　MAP P.74B3
なるせんじょうじき

畳が1000枚は敷けそうな岩の道

　舅ヶ島海水浴場の南部から沖の小島へと続く平らな岩礁。干潮になると水面に浮き出た岩の面積が広くなり、海岸と島をつなぎ歩いて渡れる。高台から見る風景は芸術的な美しさ。

🚌 奈留ターミナルから車で約10分　🅿 あり

前島ビーチ（トンボロ）
📷 景勝地　エリア 前島　MAP P.74B3
まえしまびーち（とんぼろ）

船で渡る小島の絶景ビーチに感激

　前島の南側に延びる海岸。干潮になると堆積した小石のビーチが浮かび上がり、無人の末津島までつながるトンボロ現象が見られる。砂州の大きさは幅10m、長さ400mにも及ぶ。

🚌 奈留ターミナルから船で約15分＋徒歩約15分

ビーチロック
📷 景勝地　エリア 大串　MAP P.74A2
びーちろっく

コンクリートのような不思議な海岸

　島の北西部の海岸は、小さな石が密集し、まるでコンクリートのように固まっている。これは海岸の小石が、けい酸と石灰分により固結したもので、3000〜5000年前にできたといわれる。

🚌 奈留ターミナルから車で約30分　🅿 あり

宮の浜海水浴場
📷 海水浴場　エリア 船廻　MAP P.74B2
みやのはまかいすいよくじょう

透明度抜群のさわやかビーチ

　岬に囲まれた小さな湾に玉石のビーチが延びる。海を見下ろすように東屋が立ち、のんびりくつろぐ島民の姿も。透明度が高く海水浴にも最適。夏季はトイレとシャワーが開放される。

🚌 奈留ターミナルから車で約10分　🅿 あり

船廻八幡神社 社叢
📷 神社　エリア 船廻　MAP P.74B2
ふなまわりはちまんじんじゃ しゃそう

海沿いにうっそうと茂る天然樹林

　海に向かって立つ神社。境内を囲む樹林には、幹周り3mを越すナタオレの巨樹などが繁茂。五島列島では唯一の低海抜の平坦地に残る自然林として、国の天然記念物に指定されている。

🚌 奈留ターミナルから車で約10分　🏠 五島市奈留町船廻939　🅿 なし

voice 前島ビーチのトンボロ現象は、前島に向かって南へ歩く途中の高台から眺めるのがベスト。干潮で現れた海岸は大小の玉石でできていて、歩くとキュッキュッと軽快な音が鳴る。

📷 教会　　エリア 大串　MAP P.74A2

江上天主堂
えがみてんしゅどう

森に包まれたメルヘンチックなたたずまい

　1918年に教会建築の名工である鉄川与助により建てられたロマネスク様式の教会。曲線が美しいリヴ・ヴォールト天井など、貴重な木造建築として知られる。

左／クリーム色の外壁に水色の窓枠がかわいらしい　右上／コウモリ天井に覆われた木造の聖堂　右下／あたたかみのある木床にやわらかな光が差し込む

🚃 奈留ターミナルから車で約20分　🏠 五島市奈留町大串1131-2
🕐 9:00〜15:30　🏠 月曜（祝日の場合は翌日）、第3日曜
予約 必要。インフォメーションセンターへ→P.35　🅿️ あり

📷 美術館　　エリア 船廻　MAP P.74B2

笠松宏有記念館
かさまつひろともきねんかん

廃校となった船廻小学校を利用した美術館

　奈留島出身の愛と祈りの画家、笠松宏有氏の作品を展示する。故郷への思いや、家族への愛、戦争と平和などをテーマにした大作が。

🚃 奈留ターミナルから車で約10分　🏠 五島市奈留町船廻937-1　📞 (0959) 64-2209　🕐 9:00〜17:00（最終入館16:30）
🏠 月・水曜　🅿️ 100円　🅿️ あり

📷 記念碑　　エリア 浦　MAP P.74B2

「瞳を閉じて」の歌碑
「ひとみをとじて」のかひ

ユーミンの名曲の詩が刻まれる

　松任谷由実さんがラジオ番組で、奈留高校の生徒のリクエストに応じて作詞作曲した「瞳を閉じて」。現在も同校の愛唱歌として歌われ、校門の近くに直筆の歌詞が刻まれた碑が立つ。

🚃 奈留ターミナルから徒歩約20分　🅿️ あり

📷 教会　　エリア 浦　MAP P.74B2

奈留教会
なるきょうかい

青空に向かって尖塔を伸ばす白い教会

　奈留島の中心地に立つ真っ白な教会。1926年に建てられた教会は解体され、1961年に現在の建物が完成した。外観同様、堂内もさわやかな白で統一されている。

左／食事処などが集まる浦地区の高台に立つ　右上／ステンドグラスから差し込む光が堂内を染める　右下／緑に覆われた美しいルルド

🚃 奈留ターミナルから徒歩約20分　🏠 五島市奈留町浦395
📞 (0959) 64-3285　🕐 9:00〜17:00
🏠 日曜8:30〜（7〜9月7:00〜、ミサ）　🅿️ あり

📷 地蔵　　エリア 船廻　MAP P.74B2

ふたり地蔵
ふたりじぞう

ぴったりと寄り添う仲よしのお地蔵さま♪

　船廻集落に祀られたふたりひと組の地蔵尊。なぜこのような姿なのかは不明。古いものは1820年に作られており、厳かな雰囲気に包まれている。恋愛成就の御利益があるとのうわさも。

🚃 奈留ターミナルから車で約10分　🅿️ あり

🍶 居酒屋　　エリア 浦　MAP P.74B2

海雲亭
かいうんてい

自慢の海の幸をたっぷり満喫

　木のぬくもりに包まれた空間で、刺身や煮魚、魚フライなどのほか、丼や定食を味わえる。魚は仕入れによるので事前に相談を。その日のおすすめを聞こう。

🚃 奈留ターミナルから徒歩約20分　🏠 五島市奈留町浦380-4　📞 (0959) 64-2913
🕐 18:00〜21:00※昼は要予約　🏠 不定休　🅿️ あり

 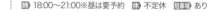 **voice** 「瞳を閉じて」は、松任谷由実さんが荒井由実として活動していた1974年に、校歌がなかった旧五島高等学校奈留分校の女子生徒のリクエストに応じて作ったもの。卒業して島を出てしまう同級生を想う心が詞に込められている。

定食　エリア 浦　MAP P.74B2
みかん屋食堂
みかんやしょくどう

島の皆さんと一緒に食堂ランチ

　ちゃんぽん660円や皿うどん660円のほか、丼ものや定食も豊富な食堂。昼はひっきりなしに注文の電話が鳴る人気店。名称は昔ミカン農園をやっていたことに由来するとか。

図 奈留ターミナルから徒歩約20分　住 五島市奈留町浦409-1　電 (0959)64-2079　時 8:00〜18:00　休 第1・3日曜　駐車場 あり

特産品　エリア 浦　MAP P.74B2
奈留町漁協購買課
なるちょうぎょきょうこうばいか

上質な海藻を食べたウニは味も上品！

　奈留島のウニはおいしいと評判。奈留町漁業協同組合が作る粒ウに2592円は、新鮮なムラサキウニに塩だけを加えた逸品だ。キビナゴの一夜干し648円も。

図 奈留ターミナルから徒歩約10分　住 五島市奈留町浦1839-7　電 (0959)64-4111　時 8:30〜17:00　休 不定休　駐車場 あり　URL www.jfnaru.com

おみやげ　エリア 浦　MAP P.74B2
三兄弟工房
さんきょうだいこうぼう

趣味で始めた木製キーホルダーが大人気に！

　大工を営む三兄弟(→P.36)が彫るアジの開きや出刃包丁などの木工品が評判。木工体験(30分〜)1000円〜も楽しい。訪問前に連絡すると安心。

図 奈留ターミナルから徒歩約25分　住 五島市奈留町浦253　電 (0959)64-4066　時 8:00〜17:00　休 不定休　予約 木工体験は必要　駐車場 あり

ゲストハウス　エリア 浦　MAP P.74B2
ゲストハウス さとがえり
げすとはうす さとがえり

四季の花に包まれる海辺の一棟貸し宿

　古民家を改装した1日1組限定の宿。湾の近くの静かでのんびりとした場所に立ち、春は桜が咲き誇る。奈留町漁協購買課(→P.77)で魚を仕入れて自炊するのも楽しみ。

図 奈留ターミナルから車で約9分　住 五島市奈留町浦3-6　電 (0959)64-2580　料 素5000円〜　客室数 1棟　駐車場 あり

旅館　エリア 浦　MAP P.74B2
奥居旅館
おくいりょかん

和室と洋室を揃えた料理自慢の旅館

　奈留島で水揚げされた新鮮な魚介類を中心に、旬の御膳を楽しめる宿。海が目の前なので、朝食や夕食の前後に潮の香りに包まれながらのんびりと散策するのもおすすめ。

図 奈留ターミナルから徒歩約5分　住 五島市奈留町浦1894　電 (0959)64-3135　料 素5400円〜、朝6480円〜、朝夕8640円〜　客室数 13室　駐車場 あり　URL okuiryokan.com

民宿　エリア 泊　MAP P.74B2
民宿しろやま
みんしゅくしろやま

親戚の家のようなアットホームな民宿

　五島産の魚介類をはじめ、自家栽培の野菜や奈留島の山菜など、地元の食材を中心とした家庭料理が自慢。気さくな女将さんが腕を振るう。周囲は静かでゆったりと過ごせる。

図 奈留ターミナルから車で約5分　住 五島市奈留町泊788-2　電 (0959)64-2717　料 素3500円〜、朝4000円〜、朝夕6000円〜　客室数 6室　駐車場 あり

民宿　エリア 浦　MAP P.74B2
民宿かどもち
みんしゅくかどもち

三兄弟工房によるこだわりの民宿

　木製キーホルダーが人気の三兄弟工房が家族で経営する民宿。外装や内装にモダンな雰囲気が漂う。工房からすぐなので夜に木工体験も。

図 奈留ターミナルから車で約10分　住 五島市奈留町浦253　電 (0959)64-2580　料 素5000円〜、朝5800円〜、朝夕7800円〜　客室数 2室　駐車場 あり　URL naruminsyukukadomochi.simdif.com

旅館　エリア 浦　MAP P.74B2
旅館 福良
りょかん ふくよし

素朴な宿でおいしい料理を

　和室が8室のこぢんまりとした旅館。地魚の刺身など旬の魚介を中心に、島の食材を使った家庭料理を食べさせてくれる。肉や野菜もバランスよく提供されるのがうれしい。

図 奈留ターミナルから徒歩約5分　住 五島市奈留町浦1895　電 (0959)64-3106　料 素5000円〜、朝6050円〜、朝夕8800円〜　客室数 8室　駐車場 あり　URL fukuyoshi-naru.jimdofree.com

voice　奈留島でのおみやげ探しは、奈留ターミナル内の売店が便利。かんころ餅や定番のお菓子などが置いてあるほか、三兄弟工房の木製ストラップや奈留産のキャンディなど奈留らしいおみやげも見つかる。

中通島、若松島、小値賀島、宇久島 NAVI

新上五島町に属する中通島と若松島、
その北に浮かぶ小値賀島、宇久島は、上五島と総称される。
個性豊かな島々ではのんびりと時間が過ぎる。

島で～た

【中通島】

人　　口	1万6119人	(2020年)
面　　積	168.31km²	
海 岸 線	278.8km	
最 高 地 点	443m	(番岳)

【小値賀島】

人　　口	2017人	(2020年)
面　　積	12.27km²	
海 岸 線	57.3km	
最 高 地 点	111.3m	(本城岳)

【若松島】

人　　口	1218人	(2020年)
面　　積	31.14km²	
海 岸 線	123.7km	
最 高 地 点	339.2m	(島越山)

【宇久島】

人　　口	1879人	(2020年)
面　　積	24.94km²	
海 岸 線	37.7km	
最 高 地 点	258m	(城ヶ岳)

※人口は2020年の国勢調査による

島への行き方
※詳しくはP.128

ゆったり大型客船

博多港からフェリーで宇久島まで約4時間10分、小値賀島まで約4時間55分、中通島まで約5時間55分。佐世保港からフェリーで宇久島まで約2時間25分、小値賀島まで約3時間15分、中通島まで約2時間35分。長崎港からフェリーで中通島まで2時間35分～。

爽快！高速船

佐世保港から宇久島、小値賀島、中通島へ、長崎港から中通島へ高速船が運航。佐世保港から中通島まで約1時間25分、小値賀島まで約1時間30分、宇久島まで約1時間55分。長崎港から中通島まで約1時間10分。

レンタカーは必須

南北に長い中通島は、中心部以外はレンタカーかタクシーでの移動が基本。橋を渡って若松島まで行くにはレンタカーは必須だ。小値賀島や宇久島もレンタカーがあったほうが便利。台数が少ないので早めの予約を。

自転車も楽しい♪

小値賀島と宇久島はそれほど大きくないので、自転車を借りてサイクリングというのも気持ちがよい。電動アシスト付き自転車もある。

地ノ神島神社

前方湾を望む高台に立つ歴史ある神社。対岸の野崎島には沖ノ神島神社が分祀されている。→P.101

笛吹

小値賀港周辺に広がる島の中心地。民家が並ぶなかに旅館や民宿、ペンションが点在し、居酒屋やカフェなども充実している。

青方

島の中心部にあり、どこへ行くにも便利。こだわりの旅館やホテルが点在する。地元客に人気の居酒屋や定食屋などが立つ。

若松港ターミナル周辺

中通島と橋でつながった若松島唯一の繁華街。といっても、旅館と飲食店が数軒あるくらいの素朴な雰囲気。

宇久島
小値賀島
中通島
若松島

野崎

有福島
若松島
若松港
169

マナーを守って
教会巡り♪

若松大橋

真っ青な海に架かる白い橋は、巨大なアーチが印象的。たもとの潮の香薫る公園から見られる。→P.97

牧崎

宇久島

長崎鼻

160 **宇久平港**

対馬瀬灯台

芝に覆われた岬に立つ宇久島のシンボル。夕日や星空観賞のスポットとしてもレベルが高い。→ P.105

平

宇久平港の周辺に広がる宇久島の中心地。旅館や民宿、飲食店は、ほとんどがこのエリアに集中している。

納島

161 **値賀島**

野崎島

小値賀港

旧野首教会 **野崎港**

野崎島

小値賀島から東へ2kmに浮かぶ島。「野崎島の集落跡」は世界遺産の構成資産のひとつ。→ P.81

津和崎鼻

有川

島の玄関口、有川港を中心に、ホテルや旅館、民宿が集まるにぎやかなエリア。和食店や寿司屋、カフェなど食事処も多い。

立串鼻

218

奈摩漁港

32

170

青方港

頭ヶ島

友住港

頭ヶ島天主堂

世界遺産の構成資産のひとつ「頭ヶ島の集落」に立つ石造りの教会。重厚なたたずまい。→ P.33

有川港

62

鯛ノ浦港

22

中通島

蛤浜海水浴場

真っ白な砂浜が広がる中通島のメインビーチ。穏やかな海は遠浅で、夏は海水浴客が集まる。→ P.84

N

0　　　5km

商人鼻

網代鼻

福見鼻

奈良尾港

佐尾鼻

奈良尾

フェリーや高速船が発着する南部のゲートウエイ。断崖絶壁と島々が入り組む内海は、自然が生み出したアート。

気になる

ベーシックインフォメーション Q&A

Q どんな宿泊施設に泊まる？

A 中通島にはホテルが増加中

中通島には、スタイリッシュなデザイナーズホテルが増えている。もちろん旅館や民宿、ペンション、格安のドミトリーも充実。小値賀島と宇久島は旅館や民宿が中心。小値賀島ではモダンに改装した古民家も人気が高い。

Q 絶対に食べたい料理は？

A うどんは上五島が本場

どの島も鮮度の高い魚介は間違いなし。中通島では、ハコフグを焼いたカットッポが名物だ。小値賀島ではブランド魚のイサキがおすすめ。中通島が発祥といわれる五島うどんは、鍋から食べる地獄炊きで。

Q おすすめの過ごし方は？

A 静謐な教会巡りが定番

中通島には29の教会が点在し、それぞれ異なる表情を見せる教会巡りが人気。絶景を回るドライブや海水浴も楽しめる。小値賀や宇久島は、予定を詰め過ぎずのんびり過ごすのがおすすめ。

Q 夕日はどこがきれい？

A 中通島は夕日スポットの宝庫

中通島は矢堅目公園や白草公園の夕日が有名。赤く染まる教会も美しい。小値賀島は西側に浮かぶ斑島のサンセットポイントから、水平線に沈む夕日を眺められる。宇久島は北部の対馬瀬灯台へ。

洞窟入口の
キリスト像

若松瀬戸の
青い海に気分爽快

若松島 中通島
船でしか行けない
潜伏キリシタンの聖地

キリシタン洞窟クルーズ

険しい断崖が連なる若松島の南岸に
迫害から逃れた潜伏キリシタンの洞窟が残る。

第一祥福丸
坂井好弘さん

4家族が身を隠した神聖なる洞窟を巡礼

　複雑に入り組んだ海岸線が続く若松島の最南部。船でしかアクセスできず、島内からは目視すらできない断崖の中に、キリシタン洞窟と呼ばれる岩屋がひっそりと口を開けている。キリスト教の弾圧から逃れ、4家族8人がこの洞窟に身を隠したのは、およそ150年前のこと。しかし4ヵ月ほどたった頃、炊事の煙が沖を通った漁師に見つかり、水責めなど厳しい拷問を受けることに。禁教令の解除後は、五島の潜伏キリシタンを象徴する聖地になり、多くの信者が巡礼に訪れている。

もっと 知りたい！

船室に現れるマリア観音

　祥福丸の船室には不思議な模様が浮かび上がる。船長の坂井さんは、潜伏キリシタンの神父（帳方役）を受け継ぐ9代目。現在も数百年前の独自の様式を守っている。

上五島きっての透明度を誇る若松島周辺

マリア観音のような模様

スケジュール

所要時間 約1時間	体力レベル

9:00 若松港や桐港からいざ出港！

船10分　前日の夕方までに予約を入れ港へ。キリシタン洞窟までは船で約15分のクルージングを楽しむ。島に囲まれた内海を移動するので波は穏やか。

潮風を受け若松島南西部へ

9:10 断崖に現れたマリア像!?

船5分　途中に、針のメンド（針の穴）と呼ばれるクレバスが登場。穴の形がマリア像のようにも見える。洞窟はこの裏側にあるので、ぐるっと回り込む。

中央右の亀裂に注目

9:15 岩場に上陸し徒歩で洞窟へ

徒歩1分　キリスト像が見えたら、すぐ脇の磯に船を着けて上陸。キリスト像の真下にキリシタン洞窟への入口がある。穴は言われないとわからないくらいの大きさ。

岩場に立つキリスト像

9:20 悲しい歴史をもつ隠れ家

船10分　洞窟内は奥行き50m、高さと幅は5mほど。壁面に聖品を飾ったような跡がある。見つかるまでの4ヵ月間、4家族8人が暮らしていた。

大きな岩が転がる洞窟内

9:50 海から桐教会をチェック

帰りは中通島沿いの風景を眺めながら港へ戻る。途中には高台に立つ桐教会が見えフォトジェニック。水面に映る美しい姿を撮影しよう。

1958年改修の桐教会

第一祥福丸　MAP P.96C2　所要 約1時間　交 若松港や桐港から発着
住 南松浦郡新上五島町桐古里郷606　電 (0959)44-1762　時 応相談
休 不定休　料 1人8000円（2人は1人4000円、3人以上1人3000円）
駐場 あり　予約 前日17:00までに必要　URL syoufukumaru.web.fc2.com

voice クルーズ中に見上げることができる桐教会は、赤い屋根をあしらった白亜の聖堂が見事。晴れた日には、エメラルドグリーンに輝く若松瀬戸の海面を見下ろすことができる。

もはや原型をとどめない石垣が歴史を物語る

島歩きは準備が大切！

僕たちの楽園ダヨ☆

〔野崎島〕
廃村跡をシカが行き交う
童話の世界に迷い込む

野崎島を歩こう♪

かつては650人以上が暮らしていた野崎島。
無人の村は生命感あふれる植物に覆われている。

野崎島自然学塾村
塾長
前田博嗣（まえだ ひろつぐ）さん

人間が暮らした痕跡を大自然が覆い尽くす

野崎島は南北約6.5km、東西1.6kmの細長い島。野崎、野首、舟森という3つの集落があったが今は宿泊施設の管理人以外に住人はおらず、島のほとんどが雄大な自然に支配されている。島内には廃村となった集落跡や野生のニホンジカが駆け上る段々畑、高台にたたずむれんが造りの教会など、かつての人の営みを感じさせながらも、どこか現実味のない映画のセットのような風景が広がっている。

集落跡から旧野首教会までは徒歩20分ほどなので、その周辺を散策するのが一般的。見どころを巡るガイドツアーや、潜伏キリシタンが暮らした舟森集落、伝説の王位石を目指すトレッキングツアーも用意されている。

もっとシェ・ロリたい！
自然学塾村で宿泊も
小・中学校の木造校舎を再利用した野崎島自然学塾村は、雨宿りや休憩などに利用できるほか宿泊も可能。布団やシャワー、自炊用の調理器具が揃っている。

🛏 宿泊 3850円〜

美しく整っていたであろう段々畑の跡

MAP 折り込み② D1〜D3　**交** 小値賀島から町営船で約35分（片道520円、小学生以下260円）**時** 7:25〜8:25、14:30〜15:30（町営船の小値賀島発着時刻）**料** 入村料1000円、中学生以下500円。ガイドツアーは4400円〜　**予約** 必要
問 おぢかアイランドツーリズム ☎ (0959)56-2646　**URL** ojikajima.jp
※野崎島へ行く際は、必ずおぢかアイランドツーリズムに連絡を
※旧野首教会は修繕工事中。2025年6月完了予定

スケジュール

所要時間	体力レベル
約 **8** 時間	🚶🚶🚶

8:00 港の目の前に集落跡が広がる

徒歩10分

港周辺が野崎集落のあった場所。散歩しながら見学できる。崩れた石垣や植物に覆われた家屋が、人の営みがあった名残を見せている。

点在する廃屋が幻想的

8:40 シカが駆け回る草原へ

徒歩5分

野崎島には400〜500頭の野生のニホンジカが生息しており、いたるところで見られる。海沿いの草原を群れで走る風景はサバンナのよう。

野生なので近寄ると逃げる

9:00 噴火口跡の絶景に感激

徒歩30分

火山でできた野崎島の東海岸には噴火口跡が残っている。展望台の下に広がる紺碧の湾が火口の跡。海底まで見えるクリアな海が美しい。

岩の形から軍艦瀬と呼ばれる

10:00 教会に守られた休憩施設

徒歩5分

野崎島自然学塾村は島で唯一休憩できるスペース。目の前には芝が広がり、裏側から丘に上るとれんが造りの旧野首教会がたたずむ。

教会内部を見るには予約を

11:00 出発までビーチでのんびり

真っ青な海が広がる野首海岸で過ごしたり、自然が色濃く残る周辺を散策したりフリータイムを楽しんで。高台から眺める白砂ビーチは絶景！

白砂が約300mにわたり続く

---

voice 野崎島の3つの集落のうち、野崎集落は神道、野首と舟森集落はキリシタン集落だった。野首と舟森はいわゆる潜伏キリシタン集落で、信仰を守りながらひっそりほぼ自給自足の生活を送っていたそう。

小値賀島 海面を滑るように進むエコ体験

ネイチャーカヌー

エンジンを使わずに進むカヌーは、環境に優しいアクティビティ。パドルを漕ぐ音や頬をなでる潮風に癒やされる。インストラクターがしっかりサポートしてくれるので、初心者や子供も安心して参加できる。

浅い場所で練習しましょう♪

コツをつかめば簡単！

準備体操をしたら、パドルの漕ぎ方の練習

天候や参加者のレベルに合わせた最適なビーチで行われる

幅が広く波に強い、扱いやすいカヌーを使う

おぢかアイランドツーリズム **MAP** P.99C3 **所要** 約2時間30分 **交** 小値賀港集合 **住** 北松浦郡小値賀町笛吹郷2791-13（小値賀港ターミナル） **電** (0959)56-2646 **時** シーズンにより異なる **休** 11～3月 **料** 4400円 **予約** 必要 **URL** ojikajima.jp

---

小値賀島 透明度抜群の明るい海を遊覧しよう

体験ダイビング

小値賀島の海は透明度が高く、多様な生物が見られると評判。体験ダイビングは水深8mほどの浅い砂地で、ゆったりと浮遊感を楽しめる。イサキの群れが目の前をダイナミックに泳いでいくことも！

耳抜きをしながら海中へ。いろんな生物を探そう

柿の浜海水浴場がおすすめ

海岸でインストラクターのレクチャーを受ける

浅い砂地に光が反射し幻想的な雰囲気に包まれる

おぢか海旅マリンサポート **MAP** P.99B2 **所要** 2～3時間 **交** 小値賀港から徒歩約5分 **住** 北松浦郡小値賀町笛吹郷2789-4 **電** 090-7881-5810 **時** 午前、午後で応相談 **休** 火曜 **料** 1万3200円 **予約** 必要 **駐車場** あり **URL** www.ojika-umitabi.com

---

中通島 手ぶらで大物を狙っちゃおう！

釣り堀で釣り体験

奈摩湾の穏やかな場所に浮かぶイカダから、レンタル竿を利用して釣り体験。生けすにはたくさんの魚が放されているので、初心者や子供でも楽しく釣りを満喫できる。おみやげに魚を1匹持ち帰れるのもうれしい。

どんな魚が泳いでいるかな♪

揺れの少ないイカダから釣りに挑戦。泳いでいる魚が見える！

大きな魚が釣れたヨ☆

釣れた魚の中から、持ち帰る魚を1匹選べる

竿とライフジャケットのレンタル料が含まれる

奈摩郷漁民センター **MAP** 折り込み③B3 **所要** 1時間～ **交** 有川町から車で約17分 **住** 南松浦郡新上五島町奈摩郷162-78 **電** 新上五島町観光物産協会☎(0959)42-5005 **時** 9:00～16:00 **休** 12～4月 **料** 1時間4500円、小学生4000円（保険料400円、餌代200円別途） **予約** 2日前までに必要（最少催行人数2人以上） **駐車場** あり **URL** shinkamigoto.nagasaki-tabinet.com

voice マリンアクティビティで注意したいのが熱中症や日焼け。こまめな水分補給と日陰での休憩を忘れずに。水面に反射した紫外線でも日焼けをするので、なるべく肌を露出せず、帽子やサングラス、日焼け止めなどで対応して。曇り空でも日焼けはするので注意！

若松島 エメラルドグリーンの海をクルーズ

遊覧船

若松瀬戸を巡る遊覧船。島の東側から若松大橋をくぐり南へ。海が淡い乳白色を帯びてくると、岸からシカが顔を出したり、小さな渦潮に船が揺られたり。水面に映る桐教会は船上ならではの眺めだ。軽食やドリンクを持ち込んで楽しめる。

海にも教会が!?

上／船頭さんが若松瀬戸の浅瀬を案内　左／中通島の桐教会がハイライト。逆さ教会は晴れて水面が穏やかなときに現れる　右／カラオケ完備の遊覧船

若松瀬戸遊覧屋形船カテリナ　MAP P.96C2　所要 約1時間30分
交 若松港ターミナルから車で約15分。西神ノ浦港から発着
住 南松浦郡新上五島町西神ノ浦郷 448-44　☎ (0959)46-2261
時 応相談　休 不定休　料 6人まで2万円。以降1人増えるごとに3000円　予約 前日までに必要　駐車場 あり

小値賀島 友人や家族とワイワイ楽しもう♪

スタンドアップ
パドルボード

子供でも楽しめる！

淡いブルーが美しい小値賀の海をSUPで満喫。ボードは安定感があるので、すぐに立てるようになるはず。座ったままでもOKなので、ちびっ子も大歓迎。ライフジャケットや浮き輪、水中めがねのレンタルがあり海水浴感覚で参加できる。

上／穏やかな柿の浜海水浴場で開催される
右／座ったり寝転がったり自由な姿勢で楽しめる

谷商店マリン　MAP 折り込み②B1　所要 2時間　交 小値賀港から車で約20分（柿の浜海水浴場集合。海況により異なる場合も）　☎ (0959)56-2134　時 10:00～12:00、13:00～15:00　休 不定休（10～6月は休み）
料 4000円（1人）　予約 前日までに必要　駐車場 海岸にあり　URL www.tani-shoten.com

中通島 五島列島全域の海中を探検

スクーバダイビング

中通島や若松島のほか、海底遺跡と呼ばれる高麗曽根周辺にダイビングスポットが点在。白砂、珊瑚礁、魚群、ドロップオフなど、さまざまな水中景観を楽しめる。6～8月上旬には福江島の南50kmほどの海域にマッコウクジラが現れる。

クルーズ気分で五島列島を巡ろう！

上／透明度の高い海には生物がいっぱい
右／機動力のあるクルーザーで海へ

五島ダイビングセンター・ナイスばでぃー　MAP 折り込み③B4
所要 半日～　交 青方港から車で約17分　住 南松浦郡新上五島町道土井郷319　☎ (0959)52-4147　時 フェリーの到着にあわせて。シーズンによって異なる　休 荒天時　料 1万7600円～（2ボートダイブ）
駐車場 あり　URL www.nice-buddy.com

カラフルなソフトコーラルとかわいい魚たちが海の中を彩る

voice 海底遺跡といわれる高麗曽根。中通島の北西に広がる海域で、大海原の中に突如として浅瀬が現れる。高麗曽根と呼ばれる島が沈んだ場所との伝承が残り、石垣や鳥居のような建造物が残っているという話も。

白砂まぶしい美景ビーチがいっぱい

爽快！ ビーチホッピング

中通島、小値賀島、宇久島には特徴のある個性派ビーチが多い。
透明度抜群の海で遊ぶ？ ふかふかの砂浜でのんびり過ごす？

砂漠のような広い砂浜〜

中通島／七目
蛤浜海水浴場
はまはまかいすいよくじょう

有川港から近くキャンプ施設や広場を併設した遠浅のビーチ。周辺には飲食店が多く、家族で1日中ゆったり過ごせる。

MAP P90A2
🚗 有川港から車で約5分

🚻 🚿 🏠 🛒 👁 P

🚻 トイレ　🚿 シャワー　🏠 更衣室　🛒 売店　👁 監視員　P 駐車場

※監視員がいるのは7月中旬から8月下旬の夏休み期間のみ。常駐時間が限られるので注意。売店の営業も夏期に限られる場合が多い。

中通島／船崎
船崎海水浴場
ふなさきかいすいよくじょう

シーグラスが見つかる♪

小さな集落の前に広がるプライベート感たっぷりのビーチ。沖には濃い藍色をたたえた東シナ海が広がる。

MAP 折り込み③B3
🚗 有川港から車で約20分

🚻 🚿 🏠 🛒 👁 P

小値賀島／柳
柿の浜海水浴場
かきのはまかいすいよくじょう

集落から離れた北部のビーチ。遠浅の海は透明度が高くマリンスポーツのフィールドに使われる。

MAP 折り込み②B1
🚗 小値賀港から車で約20分

🚻 🚿 P

ログハウスに滞在できる！

中通島／奈良尾
高井旅海水浴場
たかいたびかいすいよくじょう

中通島の南部にある、島内きっての人気海水浴場。美しい砂浜に施設が充実し、サーフィンほかマリンスポーツも盛ん。

MAP 折り込み③B6
🚗 奈良尾港から車で約10分

🚻 🚿 🏠 👁 P

小値賀島／中村
船瀬海水浴場
ふなせかいすいよくじょう

コンクリート製の遊歩道に腰掛けて眺める海が最高。小値賀港から近く観光客に人気が高い。

MAP 折り込み②B2　🚗 小値賀港から車で約5分

🚻 🚿 P

宇久島／平
大浜海水浴場
おおはまかいすいよくじょう

エメラルドグリーンの海を囲む砂浜が約1kmにわたって続く。隣にはキャンプ場がある。

MAP P104C2
🚗 宇久平から車で約15分

🚻 🚿 🏠 P

宇久島／平
スゲ浜海水浴場
すげはまかいすいよくじょう

ビーチ沿いにヤシの木が並び南国ムードたっぷり。砂浜にはハマユウが群生し、夏に白い花を咲かせる。

MAP P104C3　🚗 宇久平から車で約10分

🚻 🚿 🏠 P

宇久島／本飯良
汐出海浜地
しおでかいひんち

島の南西部にある隠れ家的な海水浴場。島と岬が波を防ぎ、穏やかな入江になっている。

MAP P104A3
🚗 宇久平港から車で約15分

🚻 🚿 P

野崎島／野首
野首海岸
のくびかいがん

約300mにわたって白砂の海岸が続く。島の東側に位置しているので、海から昇る朝日が美しい。

MAP 折り込み②D2
🚗 野首港から車で約20分

voice 2200万年以上前は大陸と地続きだった五島列島。火山活動や地盤の沈降によって、現在のような複雑な海岸線をもつ島々になった。溶岩が露出した海岸が多いのはそのためで、白砂は貝やサンゴ類が砕けて堆積したもの。

吹き出し：乾燥させたらできあがり♪

五島手延うどん作り体験

中通島　自分で作った五島うどんはどんな味？

遣唐使の時代に中国から伝わったとされる五島うどん。昔ながらの手延べ製法を、1時間ほどで体験。練って延ばした生地を2本の棒にかけ、麺を延ばす。後日、乾燥や切断を行ったうどんが送られてくる。

練って巻かれた生地を棒にかける、かけば

麺を細く長く延ばしていく、中引き

吹き出し：真心を込めて作業しよう

麺をつるして延ばす、はたかけ。7～9世紀から続く伝統の手仕事

船崎鯣飩伝承館　MAP折り込み③ B3　所要 1時間
交 青方港から車で約10分。または⊕船崎から徒歩3分
住 南松浦郡新上五島町船崎郷 497　時 8:30～17:00　休 不定休
料 4000円、小学生 3500円、幼児 3000円　予約 2日前までに必要
問 新上五島町観光物産協会☎(0959)42-5005　駐車場 あり
URL shinkamigoto.nagasaki-tabinet.com

椿油作り体験

中通島　上五島のツバキから上質なオイルを抽出

1kgの上五島産のツバキの種から約300ccの油を取る。杵と臼で種をすりつぶし、10分ほど蒸してから圧搾機にかけて油を搾る。椿油は髪や肌の保湿をはじめ、オリーブ油のように料理にも利用できる。

吹き出し：黄金色の油にうっとり♪

臼と杵で椿の実を殻ごとすりつぶす

吹き出し：世界三大油の椿オイルが完成

圧搾機を使って純度の高い椿オイルを搾り出す

オリーブ、ホホバと並ぶ貴重な椿オイル

つばき体験工房　MAP折り込み③ C2　所要 1時間
交 有川港から車で約30分。または⊕曽根教会下から徒歩約5分　住 南松浦郡新上五島町小串郷 1071-2
時 9:00～16:00　休 8月13～16日　料 2300円、小・中学生 1300円（椿の種代別途）
予約 2日前までに必要　問 新上五島観光物産協会☎(0959)42-5005　駐車場 あり

ウニ殻小物作り体験

中通島　養殖されたウニの殻でSDGsな体験

ウニやアワビ、クエなどの養殖が盛んな中通島。生けすの見学をしたあとで、ウニの殻をランプに再利用するエコ体験ができる。自由に色を塗り、貝やビーズをあしらえば、世界にひとつだけのアイテムが完成。

吹き出し：自由な発想でデコってネ☆

ランプの上にウニの殻をくっつけてオリジナルランプが完成

吹き出し：ゆっくりトゲが動いてる！

養殖場見学では生きたウニに触れられる

殻に色を塗って飾りを施し、ランプの上に接着する

阿瀬津養殖場　MAP折り込み③ C4　所要 1時間～　交 有川港から車で約11分　住 南松浦郡新上五島町阿瀬津郷 673-2　時 9:00～15:00
休 なし　料 2500円（養殖場見学のみは 1500円）　予約 3日前までに必要
問 新上五島町観光物産協会☎(0959)42-5005　駐車場 あり
URL shinkamigoto.nagasaki-tabinet.com

Voice〈 秋田県の稲庭うどん、石川県の輪島うどん、富山県の氷見うどんなど、日本海側で名産となっている手延べうどん。これらは製法も五島うどんとよく似ていて、江戸時代に北前船によって五島列島から伝播したとの説がある。

上/京都の家具屋で修復した雰囲気のよい箪笥　右/外観は昔ながらのひなびた一軒家

> インテリアもすてき！

100年以上の歴史が刻む古き美しさに触れる

古民家に泊まる

新たな島旅スタイルとして注目されている小値賀島の古民家ステイ。築100年以上の民家を、外観はそのままに居心地のよい宿へと改修した。島の環境に溶け込み暮らすように過ごす、スローな旅を楽しみたい。

五感で島を感じる
もうひとつの日常へ

豊かな自然と昔ながらの暮らしを守る小値賀島は、今、過疎地を抱える全国の自治体から注目されている。その最大の理由が、古民家ステイという滞在スタイル。ただ古い民家に泊まらせるわけではない。多くの古民家再生を手がける東洋文化研究者のアレックス・カー氏を招き、6軒の古民家を改修。築100年以上を経た民家が、外観はそのままに居心地のよい空間へと生まれ変わった。

欄間や土間、古びた柱など伝統の建築様式は残しながら、床暖房やモダンなリビング、清潔な水回りなど快適な施設を完備。集落にたたずむ古民家はキッチンも備え、島の暮らしを疑似体験するような上質な時間が評判を呼んでいる。江戸時代の面影を残す集落を散策し、やわらかな照明に守られた古民家でゆったりと過ごす。日本の原風景に囲まれた贅沢な時間の使い方は、刺激だけを求める旅とは一線を画した新たな旅の形といえそうだ。

もっと知りたい！

島の暮らしに溶け込む古民家

快適に泊まれるよう改修された古民家は、港周辺と北部の集落のなかに3軒ずつたたずむ。2〜6人の定員で、それぞれ大きさやデザインなど雰囲気が異なっている。

日月庵
NICHIGETSUAN
小値賀島の中心という気軽に町歩きを楽しめる立地が魅力。高台に立ち、港越しに日の出を望む和室の雰囲気がよい。
MAP P.99A2　交 小値賀港から徒歩約10分　住 北松浦郡小値賀町笛吹郷　料 素1万5400円〜（1人の料金。2泊目以降は1泊につき10〜20％割引）　定員 2人

先小路
SAKISHOJI
格子窓の民家が並ぶ港町の一角、島の人々が行き交う路地に面したこぢんまりとした家。島の暮らしに触れられる。
MAP P.99B2　交 小値賀港から徒歩約5分　住 北松浦郡小値賀町笛吹郷　料 素1万5400円〜（1人の料金。2泊目以降は1泊につき10〜20％割引）　定員 3人

親家
OYAKE
武家屋敷を改修した風格あるたたずまい。石垣沿いに広がるウッドデッキや広間などグループの滞在にもぴったり。
MAP 折り込み②B1　交 小値賀港から車で約15分　住 北松浦郡小値賀町柳郷　料 素2万1450円〜（1人の料金。2泊目以降は1泊につき10〜20％割引）　定員 6人

voice　小値賀島の古民家にはバスルームや空調、リネンなど快適な設備が揃う。シャンプーや石鹸類も環境に優しいものを用意しているが、浴衣や歯ブラシなどの洗面用具はないので自分で持っていくこと。

居心地のよさ抜群

リビングはソファスペースを一段下げた、モダンなデザイン

IHキッチンを備え調理器具も揃っているので、島の食材で自炊することも

欄間がいいね♪

通気性や採光のよさにもひと役買っている欄間。透かし彫りが美しい

純和風のしつらい

のんびりバスタイム

築約150年の商家を改修した鮑集。和室らしい装飾にやわらかな照明をあて、居心地のよい空間を作り上げた

水回りは清潔ですっきり。香りのよいヒノキ風呂がうれしい

鮑集 HOSHU MAP P.99A2 交 小値賀港から徒歩約10分
住 北松浦郡小値賀町笛吹郷 素2万1450円〜（1人の料金。
2泊目以降は1泊につき10〜20%割引）定員 6人
問 おぢかアイランドツーリズム ☎ (0959)56-2646
URL ojikajima.jp

一期庵 ICHIGOAN

田園風景が広がる柳郷集落に立つ2階建ての古民家。広いアトリエを併設しているので、島の風景を描いてみては？
MAP 折り込み②B1 交 小値賀港から車で約15分 住 北松浦郡小値賀町柳郷 素1万5950円〜（1人の料金。2泊目以降は1泊につき10〜20%割引）定員 3人

一会庵 ICHIEAN

見事な襖絵の玄関が印象的。島で最も美しいといわれる柿の浜海水浴場まで徒歩20分という好ロケーション。
MAP 折り込み②B1 交 小値賀港から車で約15分 住 北松浦郡小値賀町柳郷〜（1人の料金。2泊目以降は1泊につき10〜20%割引）定員 2人

の〜んびり古民家に1泊

14:30 スタッフの案内で古民家へ

港から古民家までは、スタッフが車で連れていってくれる。古民家の使い方や島内での過ごし方などの話を聞きながら、しばしくつろいで移動の疲れを癒やす時間に。

自由時間

滞在中、何をするかを相談！

15:45 自転車でゆる〜り島内散策

古民家周辺を散策するのもよいし、自転車で島内巡りというのも楽しい。緑鮮やかな田園が広がり、ところどころ歴史を感じさせる神社や寺院が点在している。

自転車で15分

料 6時間500円（電動自転車は1000円）

450mの松並木が続く姫の松原

18:00 古民家レストランで贅沢ディナー

築約170年の古民家レストラン敬承藤松で、魚介や野菜など地元素材を使った料理を堪能。捕鯨と酒造りで一財を築いた藤松家の、風情ある座敷で優美な時間を→P.101。

徒歩3分

夜のコース5500円〜。写真は昼のコース

20:30 部屋に戻ってゆっくり過ごす

島の夜は早く更ける。やわらかな照明に守られた古民家でのんびり過ごすのが小値賀島らしい過ごし方。もちろん飲み足りないなら島民が集まる別の居酒屋にハシゴしてもよい。

自由時間

お気に入りの空間を見つけて

8:00 島の食材を使って朝ご飯を自炊！

古民家にはIHキッチンが備わっているので、朝は自分たちのペースでのんびり自炊するというのもいい。旬の魚や野菜を味わえるのがうれしい。スーパーの営業時間に注意！

徒歩+車で25分

名物、ヒラマサの漬け丼の自炊セットを販売

10:00 シカが暮らす野崎島に上陸

チャーターボートで小値賀島の隣に浮かぶ野崎島へ。ほぼ無人状態の島だが、かつての村落を思わせる家屋や神社跡が幻想的。島内には野生のニホンジカが生息。

丘の上に立つ、旧野首教会

自然と向き合う島の暮らしに触れる

体験型 民泊のすすめ

晴れた日はボートに乗って
漁業体験へGO！

タコ壺から
コンニチハ

たくさん仕掛けたタコ壺を、ドキドキしながら引き上げる！

取ったばかりのタコと、漁師さんからもらったカツオを調理

10軒ほどの民泊先から
ぴったりの宿を見つけて

五島列島B&B（つばき邸）
大坪鷹子さん

漁業に農業、釣り、かまぼこ作りなど
体験メニューが充実

おばあちゃんの家に帰ってきたようなあたたかみのある居間

こんな
体験が
できます

漁業も農業も
何でもおまかせ

海や畑で旬の食材を
直接取ってきて、五島の調理法で
いただきま～す

漁業体験や農業体験で取ってきた食材は、滞在先で調理するところまで教わる。魚さばき体験やよもぎ餅作りなど、宿の方と一緒に作った郷土料理は、いつもよりおいしく感じられるはず。

漁業・農業
など

若松島

五島列島B&B
ごとうれっとうびーあんどびー

釣りや定置網体験から
かまぼこ作りまで

　いらっしゃい、と滞在先の家族に迎え入れられる若松島での民泊。居間でテーブルを囲みながら、今日は散歩くらいでゆっくり過ごそうか、いやいや夕飯のおかずを釣りに行こうよと、親戚の家に泊まりに来たようなマイペースな休暇が始まる。体験プログラムのおすすめは、歩いてすぐの港から漁船に乗って繰り出すタコ壺漁や定置網漁。取れた魚介類は、もちろん宿に持って帰って新鮮なうちに調理。さばき方を教えてもらいながら作った刺身や焼き魚の味は格別。

港まですぐの民家
でのんびり過ごす

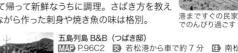

五島列島B&B（つばき邸）
MAP P.96C2　若松港から車で約7分　住 南松浦郡新上五島町若松郷 620-29　料 朝夕 8500 円～（体験メニューは 2500 円～）　客室数 1 室　駐車場 あり
HP 510b-b.com（五島列島B&B）☎ (0959) 46-2824
※希望に合った民家を選べる

voice

民泊とは、一般の家に泊まり家族のように過ごす体験型の旅スタイル。
魚を釣ったり郷土料理の作り方を教わったり、島の暮らしを味わえる。
お父さん、お母さんとの会話を楽しみながら家族団らんの仲間入り♪

今日は
おつかれさま〜！

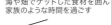

海や畑でゲットした食材を囲んで
家族のような時間を過ごす

取れたての刺身が
贅沢すぎる！

自分で取って
調理した料理
に箸がとまら
ない

まるで親戚のように迎えてくれるステイ先。
リピーターも多い

うんとこしょ
どっこいしょ♪

子供と一緒に芋掘り体験に
参加する。土や葉の香りが
心地いい

家族みんなで釣りなんて、
小さな子供には忘れられ
ない体験

小値賀島
小値賀の民泊
おぢかのみんぱく

釣りや畑仕事を楽しみながら
島にふるさとをつくる旅

旅行中ずっと笑顔が絶えない

　小値賀島の漁師や農家の家庭に宿泊す
る、1宿1組限定のホームステイ。釣った
魚をさばいたり、畑で取った野菜を調理し
たり、島の豊かな自然に触れることができ
る。小値賀島の人は明るくほがらかなので、
すぐに親戚のように打ち解けられてしまうのがうれしい。受け入れ先は
20軒ほどあり、魚釣りに料理作り、農業体験、お寺体験などメニューが
充実。希望の過ごし方をリクエストしよう。家族でも友人と一緒でも、ひ
とり旅だって受け入れてもらえる。

🏠 朝夕 9900 円〜
🏢 おぢかアイランドツーリズム ☎ (0959) 56-2646
予約 2 週間前までに必要
URL ojikajima.jp/ojika/ojika_stay/2379.html
※希望に応じて適した民泊先が紹介される。写真の民泊先
は「まめたん」

こんな
体験が
できます

港でアジを釣って
夕飯の主菜に！

自分で釣った魚を
大量にいただきます！

小値賀島では、防波堤が整備された港から
もアジなどのおいしい魚が釣れる。魚釣り体
験では、仕掛けの作り方や餌の付け方から、
調理法まで教えてもらえる。

voice 小値賀島の民泊は 16:00 に港で宿泊先の紹介を受け、翌日の 9:00 に港へ送ってもらう 1 泊 2 日が基本。2 泊以上する際は
朝食と夕食の間が自由時間になる。季節により体験できるプログラムは異なるので問い合わせを。

89

中通島エリアガイド
なかどおりじま

新上五島町の中心となる島で、東西南北に陸地が延びる十字架を思わせる形が印象的。中央部の有川と青方が観光の拠点となる。島内には豊かな自然に包まれた美しい教会が点在し、弾圧に耐えた苦難の歴史と信仰の尊さを伝えている。

📷 観る・遊ぶ
優美な教会が複雑な信仰の歴史を語る

新上五島町には、車でアクセスできる頭ヶ島と若松島、有福島を含めて 29 の教会がある。幻想的なステンドグラスや歴史が薫るれんが造りの壁など、個性豊かで美しい教会のデザインを観賞しよう。

🎁 買 う
種類豊富な郷土料理を家でも楽しみたい

品揃えが豊富なのは、有川港からすぐの新上五島町観光物産センター（→ P.94）。五島うどんやアゴだし、かんころ餅などの特産品が定番だ。ヤブツバキから取れる良質な椿油や椿油配合の石鹸も人気。

🍜 食べる・飲む
クジラやハコフグなど独特の食文化が残る

新鮮な魚介はもちろん、五島うどんの本場でもある中通島。釜揚げうどんをアゴだしや生卵とあえて食べる地獄炊きを堪能したい。かつてクジラ漁が盛んだったことから、クジラ料理を楽しめる店も多い。

🏠 泊まる
独自のコンセプトを掲げた宿泊施設が多い

有川や青方地区を中心に、快適なホテルからペンションや民宿まで多彩な宿泊施設が揃っている。どの宿も客室数が少なくピークシーズンは連泊が難しいこともあるので、早めの予約を心がけよう。

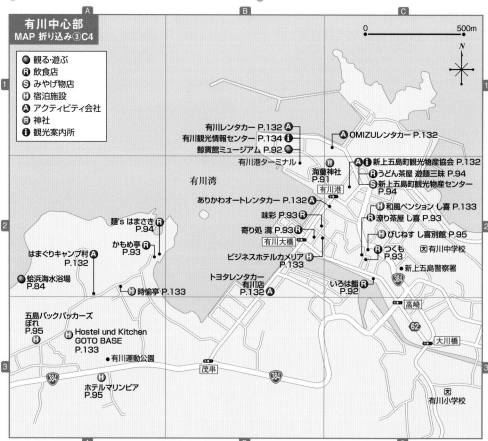

有川中心部
MAP 折り込み③C4

- ● 観る・遊ぶ
- ® 飲食店
- ⑤ みやげ物店
- ⑪ 宿泊施設
- Ⓐ アクティビティ会社
- ㊗ 神社
- ⓘ 観光案内所

VOICE 江戸幕府が開かれる少し前、1598 年に始まったとされる有川湾の鯨突漁。1684 年には江口甚右衛門正利によって網取式の有川鯨組が創始された。有川港からすぐ、海童神社の奥手にある鯨見山では、クジラを見張る番人が交代制で海を眺めていた。

赤ダキ断崖
あかだきだんがい

海岸にそそり立つレッドクリフ

中通島の北部、新魚目の景勝地。切り立つ崖は、かつて火口だった部分が波に削られたもの。最高部は海抜143m。近くの白草公園からの景色が圧巻。対岸には矢堅目の奇岩が。

🚗 有川港から車で約30分　🅿️ あり

矢堅目公園
やがためこうえん

円錐の巨岩に守られた散策スポット

奈摩湾の入口に突き出した、円錐形の奇岩が目印。展望所から眺める、紺碧の東シナ海と入り組んだ海岸線が美しい。対岸から巨岩越しに眺める夕景は、上五島を代表する美景とされる。

🚗 青方港から車で約25分　🅿️ あり

米山展望台
こめやまてんぼうだい

奈良尾港を見下ろす絶景スポット

標高234mから若松瀬戸に浮かぶ美しい島々を一望する展望スポット。紺碧の海と緑の島々という組み合わせは長崎県観光百選に選ばれている。岬に守られた奈良尾港も見える。

🚗 奈良尾港から車で約11分　🅿️ あり

津和崎つばき公園
つわざきつばきこうえん

真っ白な灯台がたたずむ北端の丘

中通島の北端にある丘を登ると、頂上には真っ白な津和崎灯台が。展望所からは雄大な海に浮かぶ小値賀島や野崎島が見える。12～3月頃にはツバキが華やかに咲き、散策が楽しめる。

🚗 有川港から車で1時間　🅿️ あり

坂本龍馬ゆかりの広場
さかもとりょうまゆかりのひろば

幕末の志士が慰霊に訪れた場所

坂本龍馬が購入した帆船、ワイル・ウエフ号が暴風雨に遭い、潮合崎の沖で遭難。池内蔵太はじめ12人の同志を失った。鎮魂の想いを込め、遭難場所を見つめて合掌する像が建てられた。

🚗 有川港から車で約20分　🅿️ あり

奈良尾神社
ならおじんじゃ

妖精が出てきそうなアコウ樹

江戸時代から漁師に信仰された神社。鳥居をまたぐように覆うアコウは樹齢650年以上で、高さ約25m、幹周り約12m。日本一の大きさを誇り、国の天然記念物に指定されている。

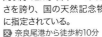

🚗 奈良尾港から徒歩約10分　🏠 南松浦郡新上五島町奈良尾郷333　🅿️ なし

希望の聖母像
きぼうのせいぼぞう

漁船を見守るマリア像

カトリック教徒による遠洋巻き網船団、十字船団の拠点がある浜毎。航海の安全や大漁を願い、1954年に聖母像を建立、1996年に建て替えられた。穏やかな顔で海を見つめる。

🚗 奈良尾港から車で約30分　🅿️ あり

海童神社
かいどうじんじゃ

鳥居はなんとクジラの骨！

1620年に海難防止を祈願して龍神を祀ったことが始まり。1973年にはナガスクジラの顎骨を使った鳥居が建てられ、上五島の捕鯨文化を象徴する神社として信仰されている。

🚗 有川港から徒歩約2分　🅿️ あり

 五島出身の有名人といえば佐田の山。中通島の有川町出身で、1965年に第50代横綱となり、引退後は日本相撲協会の理事長も務めた。その功績をたたえ、有川港ターミナルの前に銅像が立つほか、鯨賓館ミュージアム（→ P.92）にも展示がある。

博物館　　　　　エリア 有川　MAP P.90B2

鯨賓館ミュージアム
げいひんかんみゅーじあむ

子供から大人まで楽しめる捕鯨の歴史

　捕鯨は上五島の文化遺産。有川港併設の博物館では、江戸時代の古式漁法から、戦後の食糧難を支えた近代設備までを展示する。

🚌 有川港ターミナル内　🏠 南松浦郡新上五島町有川郷578-36 有川港ターミナル1階　📞 (0959)42-0180　🕘 9:00～17:00　休 なし　料 210円、小・中学生100円　駐車場 あり

🍣 寿司　　　　　エリア 有川　MAP P.90C2

いろは鮨
いろはずし

創業50年の地元でなじみの店

　上五島の魚介を中心とした旬のネタが並ぶ。飾り包丁を入れるなど、ていねいな仕事を施した寿司は見た目も華やか。握り1100円のほか定食メニューも充実。

🚌 有川港から徒歩約10分　🏠 南松浦郡新上五島町有川郷700-12　📞 (0959)42-0168　🕘 11:00～14:00、17:00～21:00　休 月曜　駐車場 あり

🍣 寿司　　　　　エリア 奈摩　MAP 折り込み③ B3

すし処 嶋
すしどころ しま

素材のよさを生かす熟練の仕込み

　地元では法事や宴会に使われる名店。魚に応じて仕込みの時間を変え、絶妙な熟成度合いのネタを握る。寿司8貫にアオサ汁が付いた上寿司は2200円。

🚌 青方港から車で約5分　🏠 南松浦郡新上五島町奈摩郷162-34　📞 (0959)52-3977　🕘 12:00～23:00　休 水曜　予約 12:00～17:00は必要　駐車場 あり

🍣 寿司　　　　　エリア 浦桑　MAP 折り込み③ B4

寿司処 真寿美
すしどころ ますみ

五島の海の旬を握りで楽しむ

　大ぶりのネタはほとんどが五島産。プリっとした新鮮な寿司を格安で楽しめる。並寿司やちらし寿司は1000円。写真は上寿司1400円。あら汁400円もおすすめ。

🚌 有川港から車で約10分　🏠 南松浦郡新上五島町浦桑郷1377-1　📞 (0959)54-1995　🕘 11:30～13:00、17:00～19:00　休 日曜　駐車場 あり

🍣 寿司　　　　　エリア 奈良尾　MAP 折り込み③ B6

鮨 割烹 ことぶき
すし かっぽう ことぶき

鮮やかに並んだ五島の絶品ネタにうっとり舌鼓

　奈良尾の路地裏で約50年も暖簾を守る大人の隠れ家。近海で育った新鮮な魚介を、仕込みや飾り包丁を加えてていねいに握る。カウンターで大将との会話を楽しみたい。

上／おまかせ2000円～ほか、にぎり1200円～などのお品書きが　左下／裏通りにたたずむ店舗　右下／腕自慢の気さくな大将が迎えてくれる

🚌 奈良尾港から車で約6分　🏠 南松浦郡新上五島町奈良尾郷466　📞 (0959)44-0219　🕘 17:00～22:00　休 不定休　予約 必要　駐車場 なし

🍴 イタリアン・フレンチ　エリア 青方　MAP 折り込み④

restaurant umigoto
れすとらん うみごと

多彩な食材のうま味を引き出す五島料理

　五島の食材を中心とした美しい料理が並ぶ。昼のセットは1700円～。写真は肉も魚も味わえる夜のUMI GOTOコース7800円。

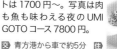

🚌 青方港から車で約5分　🏠 Hotel Aoka Kamigoto内→P.95　📞 (0959)42-5090　🕘 11:45～14:00 (L.O.13:30)、17:30～21:30 (L.O.20:00)　休 不定休　予約 必要　カード 可　駐車場 あり

🍴 イタリアン　　　エリア 小串　MAP 折り込み③ C2

空と海の十字路
そらとうみのじゅうじろ

高台に立つ修道院を模したイタリアン

　五島牛のステーキや五島の海の幸をふんだんに使った一皿を堪能。前菜3種とサラダ、スープ付きのピッツァマルゲリータ2640円。

🚌 有川港から車で約30分　🏠 五島列島リゾートホテル マルゲリータ内→P.95　🕘 11:30～14:30 (L.O.14:00)、18:00～22:00 (L.O.21:00)　休 なし　カード 可　駐車場 あり

 中通島の西側に浮かぶ折島と柏島の間に巨大なタンクが見える。これは上五島国家石油備蓄基地。洋上タンク方式では世界初となる石油備蓄基地で、440万kℓの貯油能力を誇る。5日前までの予約で見学可。📞 (0959)52-8800　休 土・日曜、祝日　URL www.kamigoto.co.jp

🍴 洋食　エリア 有川　MAP P.90A2

かもめ亭
かもめてい

溶岩プレートの上で五島牛の肉汁がハジケる！

地元の熱烈ファンも多い洋食店。五島牛の溶岩サイコロステーキ定食 2980 円（150ｇ）は、噛めば噛むほど甘みが広がる大満足の味。五島牛や五島美豚を使ったカレーも人気。

上／富士山の溶岩を使用したプレートは最後までアツアツ　左下／海辺に立ち夏はデッキでランチもおすすめ　右下／食後にケーキも楽しめる

🚌 有川港から車で約5分　🏠 南松浦郡新上五島町有川郷2427-11　📞 (0959) 42-5577　🕐 11:00〜14:00 (L.O.13:30)、17:30〜20:00 (L.O.19:30)　🈺 月曜、木・日曜の夜　カード 可　駐車場 あり
📷 kamome.tei5577

🍴 和食　エリア 奈良尾　MAP 折り込み③ B6

海ト空 〇ト星
うみとそら まるとほし

五島の新鮮魚介を彩り豊かなひと皿に

海を眺める和食レストラン。お造り盛り合わせ 4180 円は器も美しく、お祝いにぴったり。ランチの刺身や五島牛ステーキの定食も好評。

🚌 奈良尾港から車で約5分　🏠 五島列島リゾートホテル マルゲリータ奈良尾内→P.95　🕐 11:30〜14:30 (L.O.14:00)、18:00〜22:00 (L.O.21:30)　🈺 なし　予約 夜は必要　カード 可　駐車場 あり

🍴 居酒屋　エリア 浦桑　MAP 折り込み③ B4

海 舟
かいしゅう

上五島の珍味にチャレンジ

刺身盛り 1700 円をはじめ、猪ロースの刺身 950 円やアオサの天ぷら 350 円、クジラの鍋など上五島の名物料理が充実。地元の人たちでにぎわう居酒屋。

🚌 有川港から車で約10分　🏠 南松浦郡新上五島町浦桑郷1380　📞 (0959) 54-2606　🕐 17:30〜22:00　🈺 月曜　駐車場 あり

🍴 居酒屋　エリア 有川　MAP P.90B2

寄り処 満
よりどころ みつ

プリプリのメガ刺身盛りに挑戦 !?

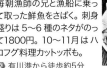 

地元出身の若い大将が、毎朝漁師の兄と漁船に乗って取った鮮魚をさばく。刺身盛りは 5〜6 種のネタがのって1800円。10〜11月はハコフグ料理カットッポも。

🚌 有川港から徒歩約5分　🏠 南松浦郡新上五島町有川郷2618-2　📞 (0959) 42-0319　🕐 18:00〜23:00 (L.O.)　🈺 木曜　駐車場 あり

🍴 居酒屋　エリア 有川　MAP P.90C2

溜り茶屋 し喜
たまりぢゃや しき

チャキチャキの女将さんが歓迎

定食も単品も充実の人気店。し喜定食 1980 円は、朝揚がった鮮魚の刺身 6〜7 種とから揚げや五島うどんがセットに。くじら盛り合わせ 1848 円も試したい。

🚌 有川港から徒歩約7分　🏠 南松浦郡新上五島町有川郷700-1　📞 (0959) 42-0933　🕐 17:00〜23:00　🈺 日曜　カード 可　駐車場 あり

🍴 居酒屋　エリア 有川　MAP P.90B2

味 彩
あじさい

一品料理から定食まで豊富なメニュー

旬の海鮮を中心に一品料理が充実した居心地のよい和食処。クジラ料理も味わえる。夜も定食セットが用意されているのがうれしい。

🚌 有川港から徒歩約5分　🏠 南松浦郡新上五島町有川郷2610-3　📞 (0959) 42-3675　🕐 11:30〜14:00 (L.O.13:30)、17:00〜22:00 (L.O.21:20)　🈺 水曜、第3火曜　予約 必要　駐車場 あり

🍴 焼き鳥　エリア 有川　MAP P.90C2

つくも
つくも

串をつまみながら島の人とおしゃべり♪

カウンターに常連さんが並ぶ店。串焼き 140 円〜ほか、ヒラスのカマ 600 円など、一品メニューが豊富。ホワイトボードに書かれた今日のおすすめをチェック！

🚌 有川港から徒歩約8分　🏠 南松浦郡新上五島町有川郷701-14　📞 (0959) 42-1022　🕐 18:00〜23:00　🈺 火曜　駐車場 なし

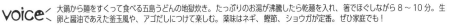

voice 大鍋から麺をすくって食べる五島うどんの地獄炊き。たっぷりのお湯が沸騰したら乾麺を入れ、箸でほぐしながら 8〜10 分。生卵と醤油であえた釜玉風や、アゴだしにつけて楽しむ。薬味はネギ、鰹節、ショウガが定番。ぜひ家庭でも！

うどん　エリア 有川　MAP P.90C2

うどん茶屋 遊麺三昧
うどんぢゃや ゆめざんまい

港近くで食事をするなら

　有川港に隣接する、五島うどんの里にあるレストラン。ごぼう天うどん 800 円や地獄炊き定食 1300 円のほか、1 日 10 セット限定の鯨定食 1800 円が人気。

🚌 有川港から徒歩約3分
🏠 南松浦郡新上五島町有川郷428-31　📞 (0959)42-0680
🕐 11:00～14:30 (L.O.14:00)　休 不定休　カード 可　駐車場 あり

カフェ　エリア 浦桑　MAP 折り込み③ B4

SVN+
せぶんぷらす

リゾート気分にひたる楽園カフェ

　観葉植物が飾られた南国風カフェ。人気はボリュームたっぷりのロコモコ 930 円。ほかにもパスタやカレーなどの軽食、シェイクやスムージーなどのスイーツが揃う。

🚌 有川港から車で約10分
🏠 南松浦郡新上五島町浦桑郷1380　📞 (0959) 54-2077　🕐 11:00～14:00、15:00～20:00 (月曜11:00～・・18:00)　休 水曜　駐車場 あり

うどん　エリア 七目　MAP 折り込み③ C4

竹酔亭 本店
ちくすいてい ほんてん

コスパ抜群！ 中通島ランチの定番処

　ますだ製麺が運営する食堂。かけうどん 580 円などリーズナブルな値段で地元でも人気が高い。名物の地獄炊き 800 円は要予約。併設の物産館ではおみやげを。

🚌 有川港から車で約10分
🏠 南松浦郡新上五島町七目郷449-1　📞 (0959) 42-0650
🕐 10:00～14:00 (土・日曜、祝日は～14:30)　休 なし　駐車場 あり

おみやげ　エリア 有川　MAP P.90C2

新上五島町観光物産センター
しんかみごとうちょうかんこうぶっさんせんたー

おみやげ選びに迷ったらココ！

　中通島では最も品揃えが豊富なので、滞在中に一度は立ち寄りたい。椿油や五島うどんをはじめ、海産物や雑貨も多く、五島らしいおみやげが見つかる。

🚌 有川港から徒歩約3分
🏠 南松浦郡新上五島町有川郷428-31　📞 (0959)42-0964
🕐 8:30～17:00　休 なし　カード 可　駐車場 あり

うどん　エリア 有川　MAP P.90A2

麺's はまさき
めんずはまさき

海辺のカジュアルなうどん店

　浜崎製麺所の直営店。ツルツルとのど越しのいい麺が特徴で、アゴだしが香る優しいスープとの相性は抜群。ランチのおすすめは、かき揚げ丼とのセット 1080 円。

🚌 有川港から車で約5分
🏠 南松浦郡新上五島町有川郷2427-16　📞 (0959)42-3388
🕐 11:00～14:00、18:00～21:00　休 水曜、火曜の夜　駐車場 あり

特産品　エリア 網上　MAP 折り込み③ B3

矢堅目の駅
やがためのえき

自家製の塩と椿油をチェック

　上五島の定番みやげが充実。奈摩湾で汲んだ海水を平釜で製塩した矢堅目の塩 594 円 (250g) や、上質な椿油 2700 円 (30ml) に五島の自然の恵みが凝縮。

🚌 青方港から車で約20分
🏠 南松浦郡新上五島町網上郷688-7　📞 (0959)53-1007　🕐 9:00～17:00　休 なし　カード 可　駐車場 あり　URL www.yagatame.jp

---

うどん　エリア 奈良尾　MAP 折り込み③ B6

五島うどん ならお
ごとううどん ならお

アゴだしが香るカツ丼が大好評

　惜しまれながら閉店した竹酔亭浦桑店の味を、勤務歴 13 年の女将が再現。卵でふんわりととじた肉厚のカツ丼が評判で、ミニうどんとのセットは 1000 円。

🚌 奈良尾港から徒歩約7分
🏠 南松浦郡新上五島町奈良尾郷1005　📞 (0959) 44-1879
🕐 10:00～15:00　休 水曜、第1火曜　駐車場 あり

特産品　エリア 青方　MAP 折り込み④

メル・カピィあおかた
める・かぴぃあおかた

地元主婦が通う地場産品の直売所

　上五島の新鮮な農産物や水産加工品が買える直売所。開店直後からにぎわい、目玉商品はあっという間になくなる。五島うどんなど特産品のコーナーもある。

🚌 青方港から徒歩約15分
🏠 南松浦郡新上五島町青方郷2274　📞 (0959)52-2373
🕐 9:00～17:20　休 土曜　駐車場 あり

---

voice◟ 中通島で注目のおみやげが、上五島カノンが販売するステンドグラスマスキングテープ (→ P.22)。上五島の教会をモチーフに、頭ヶ島天主堂、青砂ヶ浦教会、大曽教会、冷水教会、中ノ浦教会、土井ノ浦教会の 6 バージョンが揃う。

🏨 ホテル　［エリア］青方　［MAP］折り込み④

Hotel Aoka Kamigoto
ほてる あおか かみごとう

五島らしい意匠が光るデザインホテル

どこへ行くにも便利な青方の中心部に立つ。客室は五島の教会を思わせる和洋折衷のモダンデザイン。モノトーンを基調にビビッドな色を入れ、華やかな雰囲気も味わえる。人気レストラン、restaurant umigoto（→ P.92）を併設している。

上／7人まで泊まれるコンドミニアム・レイヤー　左下／人気のスーペリア・ツイン　右下／ライブラリーもおしゃれ

🚃 青方港から車で約5分　🏠 南松浦郡新上五島町青方郷1714　📞 (0959) 52-3222　💴 素6600円〜、朝8600円〜　客室数 31室　[カード] 可　[駐車場] あり　[URL] hotelaoka.com

🏨 ホテル　［エリア］小串　［MAP］折り込み③ C2

五島列島リゾートホテル マルゲリータ
ごとうれっとうりぞーとほてる まるげりーた

緑豊かな北部にたたずむ清楚な隠れ家

東シナ海と五島灘を望む高台のホテル。白をベースにしたさわやかな客室のほか、夕日が美しいレストランでゆったりとリゾート気分を味わえる。

🚃 有川港から車で約30分　🏠 南松浦郡新上五島町小串郷1074　📞 (0959) 55-3100　💴 素1万4300円〜、朝1万5950円〜、朝夕2万4200円〜　客室数 29室　[カード] 可　[駐車場] あり　[URL] margherita-resort.com

🏨 ホテル　［エリア］有川　［MAP］P.90A3

ホテルマリンピア
ほてるまりんぴあ

有川港すぐのシーサイドホテル

蛤浜海水浴場まで徒歩8分ほどの好ロケーション。レストランやコインランドリーを完備し、マリンスポーツや長期滞在を楽しむ人にもぴったり。

🚃 有川港から車で約5分。または 🚏蛤から徒歩約3分　🏠 南松浦郡新上五島町有川郷2555-1　📞 0120-42-2424　💴 素6125円〜、朝6895円〜、朝夕9095円〜　客室数 45室　[カード] 可　[駐車場] あり　[URL] www.hotelmarinepia.com

🏨 ホテル　［エリア］奈良尾　［MAP］折り込み③ B6

五島列島リゾートホテル マルゲリータ奈良尾
ごとうれっとうりぞーとほてる まるげりーたならお

広大な海と空を見渡す高台のリゾート

奈良尾港を一望する白を基調としたホテル。広々とした温泉や海鮮自慢のレストラン、海ト空 ○ト星（→ P.93）で極上の時間を過ごして。

🚃 奈良尾港から車で約5分　🏠 南松浦郡新上五島町奈良尾郷712-3　📞 (0959) 44-1701　💴 素1万1550円〜、朝1万3200円〜、朝夕2万2000円〜　客室数 29室　[カード] 可　[駐車場] あり　[URL] margherita-star.com

🏨 ホテル　［エリア］有川　［MAP］P.90C2

びじねす し喜別館
びじねす しきべっかん

有川の繁華街にありシングルルームが充実

有川の中心地にあるため、町歩きや飲食店探しに便利。食事は、漁り茶屋 し喜（→ P.93）で海鮮料理や五島うどんを味わえる。

🚃 有川港から徒歩約7分　🏠 南松浦郡新上五島町有川郷700-1　📞 (0959) 42-2465　💴 素4840円〜、朝5500円〜、朝夕7040円〜　客室数 13室　[カード] 可　[駐車場] あり　[URL] siki510.com

🏠 ゲストハウス　［エリア］七目　［MAP］P.90A3

五島バックパッカーズ ぼれ
ごとうばっくぱっかーず ぼれ

蛤浜海水浴場まですぐの好立地

おしゃれなカフェ&バー併設のゲストハウス。無垢材を基調とした空間で、リラックスして過ごせる。持ち込みOK の共有スペースは、ゲスト同士の情報交換の場に。

🚃 有川港から車で約5分　🏠 南松浦郡新上五島町七目郷1005-2　💴 素4000円〜　客室数 2室+12ベッド　[駐車場] あり　[URL] 510backpackers.com

🏠 旅館　［エリア］奈摩　［MAP］折り込み③ B3

旅の宿 やがため
たびのやど やがため

巡礼者が集まる静かな宿

教会を模した外観と、ステンドグラスを配した内装が印象的。眼前には奈摩湾の絶景が広がり、港に揚がる海の幸を新鮮なまま調理してくれる。

🚃 青方港から車で約15分。または 🚏政彦神社前から徒歩1分　🏠 南松浦郡新上五島町奈摩郷910-29　📞 (0959) 52-4390　💴 素6600円〜、朝7700円〜、朝夕9900円〜　客室数 12室　[駐車場] あり

 中通島の宿選びで飲食店を重視するなら、有川港か青方港の周辺がおすすめ。どちらも港の周辺が商店街になっていて歩いて移動できる。のどかで静かな場所を選ぶなら、新魚目や矢堅目、奈良尾方面へ。

若松島エリアガイド
（わかまつじま）

五島列島の真ん中に位置する若松島。中通島から若松大橋を渡ってアクセスできるので、ドライブがてら日帰りで立ち寄るのもよし、宿泊してのんびり島を巡るのもよし。緑豊かな海岸線に囲まれた入江は鮮やかなブルー！

📷 観る・遊ぶ

海風を感じながらクルージングはいかが？

展望台からは緑の島々が連なる五島列島らしい景観を眺められる。美しい海を満喫するなら、キリシタン洞窟クルーズ（→ P.80）や若松瀬戸遊覧屋形船（→ P.83）を。

🍴 食べる・飲む

食通をうならせる料理店をチェック

飲食店は島に数軒程度。民宿 えび屋 食事処（→ P.98）は、地元の人から愛され県外からの常連客も多い名店。割烹ゆう（→ P.97）では珍しいウツボ料理を楽しめる。

🎁 買う

旅の思い出をおみやげに……

若松島にみやげ物店はなく、商店や民宿で特産品が買えるくらい。おみやげは中通島で買うことにして、若松島では美しい景色を存分に楽しむのが得策。

🏠 泊まる

数軒の民宿ほか体験民泊施設も

宿泊施設は数軒だが、五島列島B&B（→ P.88）が島の家庭を利用した民泊を行っている。農業や漁業体験をしながら、島の自然や文化に触れよう。

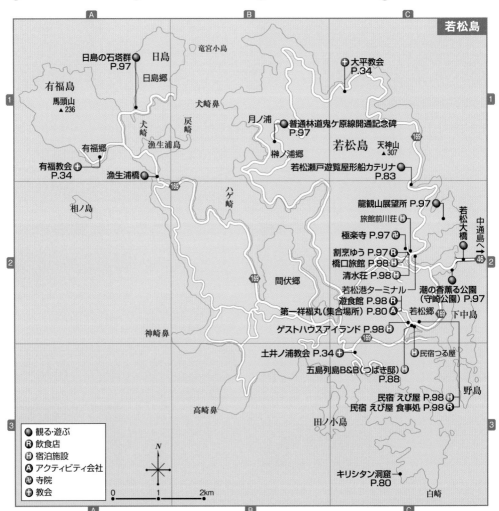

若松島

日島の石塔群 P.97
日島
日島郷
竜宮小島
大平教会 P.34

有福島
馬頭山 ▲236
犬崎鼻
戻崎
月ノ浦
普通林道鬼ケ原線開通記念碑 P.97
榊ノ浦郷
若松島　天神山 ▲307
169

犬崎
漁生浦島
有福郷
有福教会 P.34
漁生浦橋
若松瀬戸遊覧屋形船カテリナ P.83

169
ハゲ崎
龍観山展望所 P.97
旅館前川荘 H
極楽寺 P.97
割烹ゆう P.97 R
橋口旅館 P.98 H
清水荘 P.98 H
若松大橋
中通島へ→
46

相ノ島

間伏郷
169
若松港ターミナル
遊食館 P.98 R
第一祥福丸（集合場所）P.80 A
ゲストハウスアイランド P.98 H
潮の香薫る公園（守崎公園）P.97
若松郷
169
下中島

神崎鼻

土井ノ浦教会 P.34
五島列島B&B（つばき邸）P.88
民宿つる屋 H

高崎鼻
民宿 えび屋 P.98 H
民宿 えび屋 食事処 P.98
野島

田ノ小島

● 観る・遊ぶ
R 飲食店
H 宿泊施設
A アクティビティ会社
卍 寺院
✚ 教会

N

0　1　2km

キリシタン洞窟 P.80
白崎

voice　自然が豊かな若松島。日島や月ノ浦の森には野生のシカが生息しており、日が暮れると餌を探して道路へ出てくることもある。夕方以降に車で移動するときは、細心の注意を払おう。

若松島▼エリアガイド／観る・遊ぶ、食べる・飲む

🎦 公園　エリア 若松、上中島　MAP P.96C2、折り込み③B5

潮の香薫る公園
しおのかかおるこうえん

若松大橋の勇姿を上下左右から狙う！

　若松大橋の両端には、巨大アーチを見上げる守崎公園（若松島側）、見下ろす上中島公園（中通島側）があり、潮の香薫る公園と総称される。ドライブの休憩スポットに最適。

上／青い海に架かる若松大橋　左下／守崎公園には花の展望台と岬の展望台が右下／上中島公園の風の展望台からの眺め

🚗 若松港から車で約3分　🅿 あり

🎦 展望台　エリア 若松　MAP P.96C2

龍観山展望所
りゅうかんざんてんぼうしょ

行き交う船を眼下に眺めつつ小休止を

　上五島でトップクラスの美景を誇る展望台。138mの高台から若松瀬戸を見下ろせば、太陽の角度や潮の流れで変わる海の色が鮮やか。そよぐ潮風が心地いい。

上／海に浮かぶ緑に包まれた島々　左下／若松大橋の周辺を船が行き来する　右下／若松瀬戸は魚の養殖が盛ん

🚗 若松港から車で約10分　🅿 あり

🎦 景勝地　エリア 榊ノ浦　MAP P.96B1

普通林道鬼ケ原線開通記念碑
ふつうりんどうおにがはらせんかいつうきねんひ

若松瀬戸を見下ろす夕日スポット

　月ノ浦の高台にある記念碑周辺は、日島越しに沈んでいく夕日を拝める知る人ぞ知る展望スポット。ただし途中の林道は悪路が続き、日没後は真っ暗で野生のシカが現れるので注意しよう。

🚗 若松港から車で約40分　🅿 あり

🎦 寺院　エリア 若松　MAP P.96C2

極楽寺
ごくらくじ

優しいお顔の如来様にうっとり

　若松港ターミナルからすぐの浄土宗の寺。重厚な瓦葺きの本殿の中に本尊の銅造如来立像がたたずむ。7世紀頃に制作された貴重な仏像で、国の重要文化財。ふくよかな顔と力強い体躯が特徴。

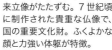

🚗 若松港から徒歩約3分　🏠 南松浦郡新上五島町若松郷96

🎦 史跡　エリア 日島　MAP P.96A1

日島の石塔群
ひのしまのせきとうぐん

東シナ海を見つめる貴重な遺跡

　日島南岸にある14〜15世紀頃の古墓群。倭寇によって運び込まれたと思われる石塔が70基以上並び、古くは交易の要衝であったことがうかがえる。歴史のロマンにあふれた遺跡だ。

🚗 若松港から車で約30分　🅿 あり

🍶 居酒屋　エリア 若松　MAP P.96C2

割烹ゆう
かっぽうゆう

小骨をていねいに処理したウツボ料理

　若松島育ちの気さくな大将がカウンターに立つ居酒屋。地魚の刺身1300円など旬の海鮮ほか、ウツボのたたき1000円を楽しめる。予約すればウツボ御膳も。

🚗 若松港から徒歩約2分　🏠 南松浦郡新上五島町若松郷163　☎ (0959)46-2877
🕐 17:00〜22:00 (L.O.21:00)　休 火曜　🅿 あり

VOICE 　全長552mの若松大橋は若松島のシンボル。開通したのは1991年で「離島の中の離島」と呼ばれていた若松島の交通事情を大きく変えた。フェリー太古の奈留島〜青方港間では橋の真下をくぐる。

🍚 定食　エリア 若松　MAP P.96C2

遊食館
ゆうしょくかん

上五島の本マグロを冷凍せず生のまま提供！

　一般的には冷凍した状態で市場に出回る本マグロ。若松島では養殖が行われているため、水揚げしたばかりのマグロを生のままさばいた刺身で味わえる。トロが口の中でとろける！

左／脂がのった上五島生本まぐろ丼はこのボリュームで 3000 円。上五島旅行の必食ランチ　右上／若松港ターミナルビルの 2 階　右下／海を見渡す店内

🚌 若松港から徒歩すぐ　🏠 松浦郡新上五島町若松郷160-36-2階
☎ 090-8661-0484　🕐 11:30〜13:00 (L.O.)　🈺 土・日曜
予約 前日15:00までに必要　🅿 あり

🍴 割烹　エリア 若松　MAP P.96C2

民宿 えび屋 食事処
みんしゅく えびや しょくじどころ

地元の人も認める五島随一の味とサービス

　家族で営む割烹民宿。素材から調理までこだわり抜いた御膳が 8800 円〜。仕入れがあればイセエビやクエの追加もできるので確認を。4 〜 8 月はランチのウニ丼（時価）に舌鼓。

左／地魚の刺身や煮付け、長崎和牛などが並ぶ豪華御膳　右上／やわらかい明かりに照らされた店内で親しみやすい若女将がお出迎え　右下／宿泊施設を併設（→ P.98）、予約すればランチや夕食だけの利用も可

🚌 若松港から車で約5分　🏠 南松浦郡新上五島町若松郷483
☎ (0959) 46-3120　🕐 11:30〜13:00、18:00〜21:00（ランチは5〜7月のウニ入荷時のみ）　🈺 不定休　カード 可　予約 必要
🅿 あり　URL goto-ebiya.com

🏠 民宿　エリア 若松　MAP P.96C2

民宿 えび屋
みんしゅく えびや

若松島の旬を味わえる料理自慢の宿

　海に面した静かな場所に立つ創業 50 年の民宿。食事処（→ P.98）では、上五島産の魚介をはじめ、仕入れがあればイセエビやウニを味わえる。詳しくは問い合わせを。

🚌 若松港から車で約5分　🏠 南松浦郡新上五島町若松郷483
☎ (0959) 46-3120　🍽 素7150円〜、朝8800円〜、朝夕1万700円〜　客室数 20室　カード 可　🅿 あり　URL goto-ebiya.com

---

🏨 旅館　エリア 若松　MAP P.96C2

橋口旅館
はしぐちりょかん

漁師体験もできる老舗旅館

　家族で出迎えてくれる宿。地元で揚がった魚をていねいにさばいた刺身や煮付けを楽しめる。定置網の引き上げ作業や、養殖マグロへの餌やりを体験できるプランも。

🚌 若松港から徒歩約2分　🏠 南松浦郡新上五島町若松郷163
☎ (0959)46-2525　🍽 素5500円〜、朝6820円〜、朝夕1万1000円〜　客室数 4室　🅿 あり

🏨 旅館　エリア 若松　MAP P.96C2

清水荘
しみずそう

港に近く若松島観光の拠点に最適

　若松港ターミナルを目の前にし、飲食店や商店も近い便利な立地。朝夕に出されるボリュームたっぷりの海鮮料理が評判でリピーターも多い。

🚌 若松港から徒歩約2分　🏠 南松浦郡新上五島町若松郷160-6　☎ (0959)46-2345　🍽 素5500円〜、朝6600円〜、朝夕8800円〜　客室数 10室　🅿 あり

🏨 ゲストハウス　エリア 若松　MAP P.96C2

ゲストハウスアイランド
げすとはうすあいらんど

キッチン完備で自炊ができる

　1 泊 1 グループのみの貸し切りゲストハウス。キッチンが自由に使えるので長期滞在に便利。目の前は漁港なので、散歩がてら釣りを楽しむこともできる。農業体験や漁業体験のリクエストも OK。

🚌 若松港から車で約7分　🏠 南松浦郡新上五島町若松郷620-29　☎ (0959)46-2824　🍽 1棟1人5000円〜　客室数 1室　🅿

---

voice　穏やかに見えるが流れが速い若松瀬戸。常に時速 7.5km ほどの潮流があり、渦潮も見られる。そんな環境からプランクトンが豊富で、クロマグロ（本マグロ）やブリの養殖が行われている。天然のカツオやタコの漁も盛ん。

小値賀島エリアガイド

（おぢかじま）

起伏のある島が多い五島列島のなかで、耕作に適したなだらかな地形に恵まれた小値賀島。漁業も農業も盛んで古くから人々が暮らしていた。五島藩ではなく平戸藩に属していたことから、ほかの島々とは異なる文化が残る。

観る・遊ぶ

島内散策で豊かな自然と歴史に触れる

港周辺に広がる笛吹郷（ふえふきごう）を離れると、日本の原風景が広がる小値賀島。田園や松林、美しいビーチを眺めながらのサイクリングが楽しい。
※野崎島の歩き方は P.81 へ

買 う

小値賀港の売店でオリジナルグッズを

小値賀港ターミナルにある売店では、落花生など島の名産品を使ったお菓子やジャム、オリジナルグッズを販売。笛吹郷にも海産物を扱う店がある。

食べる・飲む

笛吹郷には地元客でにぎわう居酒屋も！

宿泊客は旅館や民宿で食事をとるのが一般的だが、笛吹郷には地元客でにぎわう居酒屋や寿司屋もある。古民家レストランでのコース料理も好評。

泊まる

モダンに改装された古民家が評判

港周辺の笛吹郷を中心に、旅館や民宿が点在している。築100年以上の民家を改装した古民家ステイや体験型の民泊もあり旅のスタイルにあわせて選べる。
※小値賀の古民家は P.86 〜 87 の特集記事へ

笛吹郷中心部
MAP 折り込み②B2

- ● 観る・遊ぶ
- Ⓡ 飲食店
- Ⓢ みやげ物店
- Ⓗ 宿泊施設
- Ⓐ アクティビティ会社
- ⓘ 観光案内所

（地図中の表記）
小値賀町役場
民宿 ちとせ
すずらん P.102
小値賀郵便局
旬菜島工房 小辻家 P.101
交番
谷商店 P.102
笛吹
歴史民俗資料館 P.100
焼鳥こにし P.102
晋弘舎 P.116
OJIKAPPAN P.116
KONNE Lunch&Cafe P.102、108
民宿 たとみ
tan tan P.102
鯨波 P.102
オヂカノオト P.103、122
笛吹郷
旅館 丸ま
讃岐屋 P.103
古民家 先小路 P.86
古民家 日月庵 P.86
民宿 鈴の屋
笛吹横丁 P.102、122
平六寿司 P.101
古民家 鮑集 P.87
おぢか海旅マリンサポート P.82
小西旅館 P.103
民宿 千代 P.103
小値賀港 フェリーターミナル
おぢかアイランドツーリズム P.82、132、134
おぢかターミナルショップ P.103
島宿御縁 P.103
はまゆう発着所
あい菜市
あわび館 P.103

N

0　　　100m

voice　漁場に恵まれた小値賀島では、イサキを値賀咲（ちかさき）という名前でブランド化している。まき餌を一切使わず1尾ずつ釣り上げたイサキは、上質な身がおいしいと評判。少し黒みを帯びたイサキは、初夏を告げる魚として島の人々にも親しまれている。

99

📷 景勝地　エリア 柳　MAP 折り込み② B1

長崎鼻
ながさきばな

牛が草を食むのどかな岬

島の北海岸に突き出した広々とした草原。放牧された牛が、潮風によってミネラルを豊富に含んだ牧草をのんびり食べている。緑と青の組み合わせが、優しい童話の世界のよう。

🚗 小値賀港から車で約25分　🅿 あり

📷 海岸　エリア 前方　MAP 折り込み② C2

赤浜海岸
あかはまかいがん

火山島の面影が残る赤い砂浜

赤い砂で覆われた神秘的な海岸。この赤は鉄分を多く含んだ火山礫によるもので、小値賀島が火山によってできた島であることを示している。光によって赤の見え方が変化していく。

🚗 小値賀港から車で約6分　🅿 あり

📷 景勝地　エリア 斑島　MAP 折り込み② A1

ポットホール
ぽっとほーる

自然の営みが生み出したパワースポット

玉石鼻にある国指定の天然記念物。出入りする海水の勢いで回転する玉石が岩礁を削り、深さ3mにまで達している。すべすべの石は直径50cmほどあり、玉石様と呼ばれている。

🚗 小値賀港から車で約20分　🅿 あり

📷 史跡　エリア 中村　MAP 折り込み② B2

牛の塔
うしのとう

小値賀島の礎となった牛を祀る

もともとふたつの島に分かれていた小値賀島。鎌倉時代末期に埋め立てが行われ、1334年に竣工し現在の姿となった。ここには埋め立て工事で犠牲となった牛が祀られている。

🚗 小値賀港から車で約7分　🅿 なし

📷 景勝地　エリア 柳　MAP 折り込み② B1

五両ダキ
ごりょうだき

クリアブルーの海を眺める隠れ家海岸

ダキとは小値賀島の言葉で崖のこと。長い年月をかけて波に削られた断崖の下に、小さな砂浜が形成されている。わかりにくい場所にあるので人が少なく静か。周辺の海は驚きの透明度！

🚗 小値賀港から車で約25分＋徒歩5分　🅿 あり

📷 景勝地　エリア 斑島　MAP 折り込み② A1

サンセットポイント
さんせっとぽいんと

日が沈んでからの茜色がサイコー！

斑島を一周する夕焼けロードの途中にある絶景ポイント。小高い場所から西の海に浮かぶ島々を眺められる。晴れた日は水平線に沈む太陽とともに、空と海が赤く染まっていく。

🚗 小値賀港から車で約25分　🅿 あり

📷 景勝地　エリア 前方　MAP 折り込み② C1

愛宕山園地
あたごやまえんち

海からの風に気分爽快

小高い山の上から島全体を見渡す小値賀島きっての展望スポット。晴れた日には東に野崎島、北に納島や宇久島を眺めることができる。園内に咲く四季折々の花も美しい。

🚗 小値賀港から車で約25分　🅿 あり

📷 資料館　エリア 笛吹　MAP P.99B2

歴史民俗資料館
れきしみんぞくしりょうかん

散策前にまずは立ち寄ってお勉強♪

小値賀島の地理や歴史、風俗などがわかる資料を展示。遣唐使や潜伏キリシタンの資料も充実している。

🚗 小値賀港から徒歩約8分　🏠 北松浦郡小値賀町笛吹郷字木ノ下1931　☎ (0959)56-4155　🕐 9:00～17:00(最終入館16:30)　🈺 月曜(祝日の場合は翌日)、祝日の翌日、25日(日曜を除く)　💴 100円　🅿 なし

voice 小値賀島は平坦な島なので、小値賀港に窓口をもつおぢかアイランドツーリズム（→P.134）でレンタサイクルを借りるのもあり（6時間500円、1日1000円、電動自転車6時間1000円）。笛吹郷を離れると商店はほとんどないので、お弁当や飲み物は買っておくこと。

📷 神社　エリア 前方　MAP 折り込み② C2

地ノ神島神社
ちのこうじまじんじゃ

島内最古の謎多き神社

小値賀島の東海岸に立つ神社。遣唐使船の航海安全を祈念して建てられたと伝わる。沖に浮かぶ野崎島の沖ノ神島神社は704年に分祀されたもので、前方湾を挟んで向き合っている。

🚌 小値賀港から車で約12分　🏠 北松浦郡小値賀町前方郷3939　🅿️ なし

📷 寺院　エリア 前方　MAP 折り込み② B2

長壽寺
ちょうじゅじ

雲龍図が迎える由緒正しき寺

平戸松浦氏の16代当主により1300年代に建てられたと伝わる寺。当家にまつわる多くの宝物を所蔵する。本堂には水墨画家の安藤美香氏が描いた雲龍図が。

🚌 小値賀港から車で約10分
🏠 北松浦郡小値賀町前方郷871　☎ (0959)56-2230
🕐 8:00〜17:00　休 なし　🅿️ あり　URL chouju1394.jp

🍶 和食　エリア 前方　MAP 折り込み② C2

古民家レストラン敬承藤松
こみんかれすとらんけいしょうふじまつ

重厚感あふれる古民家で旬食材のコース料理を

捕鯨や酒造りで富を築いた旧藤松家の屋敷を改修した和食処。港に揚がったばかりの魚介や島の赤土で栽培された野菜を、昼3850円〜、夜5500円〜のコースでいただく。

上／イサキなど旬の刺身に小鉢を添えたランチの藤コース
左下／木造の豪邸を改修した
右下／広い和室でゆったり賞味

🚌 小値賀港から車で約15分　🏠 北松浦郡小値賀町前方郷3694-1
☎ (0959)56-2646　🕐 11:00〜14:30、18:00〜21:30
休 火曜（祝日の場合は翌日）　カード 可　🅿️ あり
予約 2日前の18:00までに必要　URL ojikajima.jp/fuji-matsu

🍶 和食　エリア 笛吹　MAP P.99B1

旬菜島工房 小辻家
しゅんさいしまこうぼう　おぢか

食材に恵まれた小値賀島の魅力を感じて

小値賀島で生まれ育った店主が、食を通して島の魅力を伝えるべくオープンした創作和食店。食材の旬が感じられるていねいな仕込みが光る。魚介はもちろん野菜もおいしい。

上／迷ったら、刺身盛り合わせ1000円〜
左下／赤鶏もも炭火焼1200円
右下／カウンターのほか個室も用意

🚌 小値賀港から徒歩約10分　🏠 北松浦郡小値賀町笛吹郷1853-1
☎ (0959)56-3299　🕐 18:30〜24:00(L.O.23:00)　休 月曜
🅿️ なし　URL shimakoubouojika.com

🍶 寿司　エリア 笛吹　MAP P.99B2

平六寿司
へいろくずし

小値賀漁港に揚がったばかりの魚がネタに

漁港の目の前に立つ寿司店。旬の魚介を厳選した握り寿司は、赤だしの味噌汁とセットで2100円。配達などで店主が店を離れている場合もあるので、予約しておくと確実。

左／取れたての鮮魚はプリプリの弾力が魅力
右上／カウンターで島の味を
右下／暖簾が営業している目印

🚌 小値賀港から徒歩約5分　🏠 北松浦郡小値賀町笛吹郷2789
☎ (0959) 56-2673　🕐 11:00〜13:00　休 月曜　🅿️ なし

 おぢかアイランドツーリズムで自転車を借りて、ポットホールのある斑島までのんびりサイクリングを楽しみました。夕日の名所サンセットポイントからの眺めも美しく、自然豊かな島の魅力を堪能できます。　（神奈川県　サイチョーさん）

居酒屋　エリア 笛吹　MAP P.99B2

鯨　波
げいは

小値賀島の鮮魚を刺身や煮つけ、天ぷらで♪

島で水揚げした魚を腕自慢の大将が調理。刺身盛り2500円〜やマグロのカルパッチョ1800円など、充実のメニューがうれしい。その日のおすすめをボードでチェック！

左／キントキダイの塩焼き2000円〜など、珍しい料理を楽しめることも
右上／メイン通りから路地に入ってすぐ
右下／カウンターで大将の手さばきを眺めながらおいしいお酒を

🚶 小値賀港から徒歩約7分　🏠 北松浦郡小値賀町笛吹郷1559-1
☎ (0959)56-3935　🕐 11:30〜13:30(L.O.13:00)、17:30〜22:00(L.O.21:30)　休 火曜　🅿 なし　📷 ojika_geiha

---

居酒屋　エリア 笛吹　MAP P.99B2

笛吹横丁
ふえふきよこちょう

昭和レトロな空間へタイムスリップ

島の古材や小物をインテリアにした、昭和の雰囲気が漂う屋台居酒屋。五島牛ハンバーグほか、五島うどんやかんころ餅など、五島らしいメニューを味わえる。

🚶 小値賀港から徒歩約6分
🏠 北松浦郡小値賀町笛吹郷1537-23　☎ 070-2664-1992
🕐 18:00〜24:00(L.O.23:00)　休 月曜、第4火曜　🅿 なし

居酒屋　エリア 笛吹　MAP P.99B1

すずらん
すずらん

ランチのお弁当に定評あり！

若いご夫婦が昼はテイクアウトランチ、夜は居酒屋として営業。刺身盛り2人前1400円〜をはじめ、定食や一品料理が豊富。

🚶 小値賀港から徒歩約10分
🏠 北松浦郡小値賀町笛吹郷1856-2　☎ (0959)56-2468　🕐 10:00〜13:30(L.O.)、18:00〜23:30(L.O.)　休 日曜　🅿 なし

焼き鳥　エリア 笛吹　MAP P.99B2

焼鳥こにし
やきとりこにし

ファミリー利用も多い、地域に愛される店

飲食店や商店が並ぶ通りに立つ。築80年以上の古民家を改装した店内は、あたたかみがあり居心地がよい。名物の赤鶏のタタキ1200円、とり身130〜200円。

🚶 小値賀港から徒歩約8分
🏠 北松浦郡小値賀町笛吹郷1837-1　☎ (0959)56-4728
🕐 17:30〜22:00(L.O.21:30)　休 水曜　カード 可　🅿 なし

定食　エリア 笛吹　MAP P.99B2

KONNE Lunch&Cafe
こんね らんちあんどかふぇ

築100年の民家を改築した心休まる空間

重厚な柱や梁を残す古民家カフェ。衣のカリカリ感を楽しめるチキン南蛮定食900円ほか、ピザやパスタ、ハンバーグも。ボリューム満点で島人の利用も多い。

🚶 小値賀港から徒歩約8分
🏠 北松浦郡小値賀町笛吹郷1537　☎ (0959)42-5843　🕐 11:00〜15:00　休 木曜　🅿 あり　📷 konne_ojk

---

居酒屋　エリア 笛吹　MAP P.99B1

谷商店
たにしょうてん

島人と旅人が集う活気あふれる居酒屋

祖母が営んでいた商店を、若い店主がUターンして改装。モダンなダイニングに、島内外から若者が集まる。玉子焼き650円、シメサバ600円。刺身は要予約。

🚶 小値賀港から徒歩約10分
🏠 北松浦郡小値賀町笛吹郷1851-1　☎ (0959)56-2134
🕐 18:00〜23:00(L.O.)　休 日曜　🅿 なし

カフェ　エリア 笛吹　MAP P.99B2

tan tan
たんたん

町歩きの休憩に手作りスイーツでほっこり

笛吹郷の路地にたたずむかわいいカフェ。焼菓子の香りに満ちた店内には、自家製のケーキやクッキーが並ぶ。島民の一番人気はなめらかプリン280円。

🚶 小値賀港から徒歩約8分
🏠 北松浦郡小値賀町笛吹郷1540-2　☎ (0959)56-2662　🕐 10:00〜17:30　休 月・火曜(月曜が祝日の場合は火・水曜)　🅿 あり

---

voice 小値賀島の魚といえば、夏に取れるイサキ「値賀咲」が有名。ほかにも春はサワラやイカ、夏はハモ、秋はサンマ、冬はブリやクエが旬をむかえる。刺身はもちろん焼き魚や煮魚、鍋などでいただける。

🎁 海産物　[エリア] 笛吹　[MAP] P.99B2
讃岐屋
さぬきや

手作りの海の幸を買うならココ！

海産物が豊富な小さなみやげ
物店。鮑のわたの塩辛 2100
円をはじめ、塩うに、さざえの
佃煮、アオサほか、オリジナル
の珍味も販売。気さくなおかあ
さんが笑顔で迎えてくれる。

🚶 小値賀港から徒歩約7分　🏠 北松浦郡小値賀町笛吹郷1636
☎ (0959)56-2345　🕐 7:00〜18:30　休 不定休　🅿 なし

🏠★ ゲストハウス　[エリア] 笛吹　[MAP] P.99B2
オヂカノオト
おぢかのおと

1日1組限定の一棟貸しゲストハウス

海沿いの高台に立つ静かな
宿。リビングやテラスから沖に浮
かぶ野崎島を一望できる。自炊
ができるほか、飲食街まで歩い
てすぐ。系列の居酒屋、笛吹横
丁（→P.102）での食事も楽しみ。

🚶 小値賀港から徒歩約8分　🏠 北松浦郡小値賀町笛吹郷1720
☎ (0959)56-3090　料 素8400円〜　客室数 1室　🅿 あり
URL ojikanooto.com

🏠★ おみやげ　[エリア] 笛吹　[MAP] P.99C3
おぢかターミナルショップ
おぢかたーみなるしょっぷ

情報収集がてらおみやげもチェック！

小値賀島旅のコンシェルジュ、
おぢかアイランドツーリズムの窓
口に併設するショップ。落花生
やかんころ餅など島の名産品を
はじめ、島の若者が生産する注
目の食品や菓子を販売している。

🚶 小値賀ターミナル内　🏠 北松浦郡小値賀町笛吹郷2791-13
☎ (0959)56-3293　🕐 6:30〜14:30　休 船の欠航時
🅿 あり　URL www.shima-uma.net

🏠★ 民宿　[エリア] 前方　[MAP] 折り込み② C1
民宿愛宕
みんしゅくあたご

小値賀のなかでも特に静かな場所

全3室のこぢんまりとした民
宿。漁協に勤めていたご主人が
腕を振るう新鮮な魚介料理が評
判だ。宿から出るとすぐに漁港
があり、島ならではののんびり
とした景観を満喫できる。

🚶 小値賀港から車で約15分　🏠 北松浦郡小値賀町前方郷3684-3
☎ (0959)56-2491　料 素4500円〜、朝5000円〜、朝夕7000円
〜　客室数 3室　🅿 あり　URL minshuku-atago.com

🎁 海産物　[エリア] 笛吹　[MAP] P.99B3
あわび館
あわびかん

活きサザエやアワビをおみやげに！

アワビの漁獲量日本一を誇っ
た小値賀島を象徴する建物。1
階の直売所ではアワビやサザエ
ほか水産加工品の販売を行って
いる。2階はアワビ漁に関する
資料を展示。

🚶 小値賀港から徒歩約3分　🏠 北松浦郡小値賀町笛吹郷2791-3
☎ (0959)56-3232　🕐 8:00〜16:30
休 月・木曜　🅿 あり

🏠★ 旅館　[エリア] 笛吹　[MAP] P.99B2
小西旅館
こにしりょかん

海が見えるユニットバス付き洋室が人気

港や商店街まですぐの好立
地。2023年に大改装を行い、
ユニットバス付きの部屋やシャ
ワー室を拡充した。朝日や漁火
を眺められる海沿いの部屋が好
評だ。

🚶 小値賀港から徒歩約5分　🏠 北松浦郡小値賀町笛吹郷2789
☎ (0959)56-3145　料 素6000円〜、朝6800円〜、朝夕9000円
〜　客室数 18室　🅿 あり

🏠★ 旅館　[エリア] 笛吹　[MAP] P.99A3
島宿御縁
しまやどごえん

ダイニングルームから小値賀の海を一望

笛吹港を見下ろす高台に立つ
宿。島のファミリーがアットホー
ムな雰囲気のなか、もてなして
くれる。ゲストハウス（3800
円〜）とカラオケハウスを併設。

🚶 小値賀港から徒歩約10分
🏠 北松浦郡小値賀町笛吹郷1359-1　☎ (0959)56-2588
料 素8580円〜、朝9350円、朝夕1万450円〜　客室数 14室＋10
ベッド　カード 可　🅿 あり　URL www.shimayadogoen.com

🏠★ 民宿　[エリア] 笛吹　[MAP] P.99A3
民宿千代
みんしゅくちよ

女将さんに会いに常連客が訪れる

漁師のご主人が釣ってきた魚
を、腕自慢の女将さんがさばく。
親戚の家に帰ってきたかのよう
なアットホームな雰囲気に、毎
年のように通うリピーターも多
い。飲食街も徒歩圏内。

🚶 小値賀港から徒歩約10分　🏠 北松浦郡小値賀町笛吹郷
1358-6　☎ (0959)56-2867　料 素4000円〜、朝4500円〜、朝
夕6300円〜　客室数 3室　🅿 あり

Voice 笛吹郷にある原田釣具店では、釣り竿のレンタルを行っている。アジ釣り竿1日500円〜（針は別途購入）、エギング竿1日1000円〜
（エギング・リール付き）。🏠 北松浦郡小値賀町笛吹郷2789　☎ (0959)56-2043　🕐 8:00〜17:00　休 日曜

宇久島 エリアガイド

五島列島の最北端に位置し、行政区分では佐世保市に属する宇久島。五島藩の始祖とされる平家盛が上陸した地と伝わり、いたるところに五島文化の源流が見られる。青い海に包まれた緑豊かな島で、五島の歴史を探訪しよう。

📷 観る・遊ぶ

島の端に点在する景勝地を目指そう

森林と草原が広がる宇久島。大きな観光施設はないので、灯台や展望台を巡りながら、おいしい空気とのどかな景観を堪能しよう。牛の放牧地が多い!?

🎁 買 う

海産物から装飾品まで島のおみやげを

　鮮魚店には保存もきく海産物が充実。宇久町観光協会売店（→ P.107）も便利。浜方ふれあい館（→ P.105）にはクジラ肉の加工品や貝のアクセサリーが並ぶ。

🍵 食べる・飲む

宇久平港周辺に食事処や居酒屋が集中

　宇久平港から徒歩圏内に広がる島の商店街。ほとんどの飲食店がこのエリアに点在している。かっちゃん（→ P.106）のクジラカツカレーは必食メニュー！

🏠 泊まる

クジラ料理は事前に要確認！

　ほぼすべての宿泊施設が宇久平港周辺に点在。夕食には地物の新鮮魚介を楽しめる。クジラ料理が目当ての場合は、事前にリクエストしておくと確実。

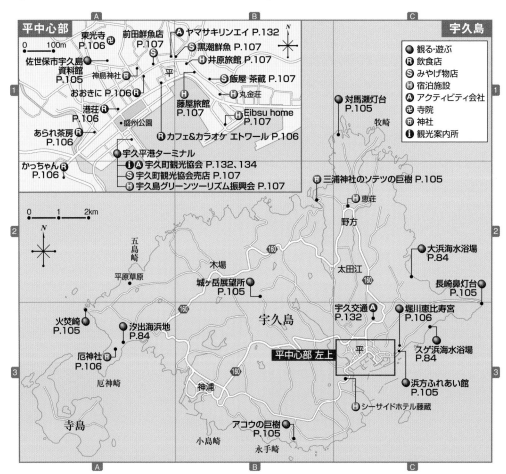

平中心部

0　100m

- 東光寺 P.106
- 前田鮮魚店 P.107
- ヤマサキリンエイ P.132
- 黒潮鮮魚 P.107
- 佐世保市宇久島資料館 P.105
- 井原旅館 P.107
- 神島神社
- 平
- 飯屋 茶蔵 P.107
- おおきに P.106
- 丸金荘
- 港荘 P.106
- 藤屋旅館 P.107
- Eibsu home P.107
- あられ茶房 P.106
- 盛州公園
- カフェ＆カラオケ エトワール P.106
- かっちゃん P.106
- 宇久平港ターミナル
  - 宇久町観光協会 P.132、134
  - 宇久町観光協会売店 P.107
  - 宇久島グリーンツーリズム振興会 P.107

宇久島

- ◎ 観る・遊ぶ
- ℝ 飲食店
- ⓢ みやげ物店
- ⓗ 宿泊施設
- Ⓐ アクティビティ会社
- 卍 寺院
- 🜨 神社
- ⓘ 観光案内所

0　1　2km

- 牧崎
- 対馬瀬灯台 P.105
- 三浦神社のソテツの巨樹 P.105
- 恵荘
- 野方
- 五島崎
- 木場
- 平原草原
- 大浜海水浴場 P.84
- 太田江
- 城ヶ岳展望所 P.105
- 長崎鼻灯台 P.105
- 火焚崎 P.105
- 汐出海浜地 P.84
- 宇久島
- 宇久交通 P.132
- 堀川恵比寿宮 P.106
- 厄神社 P.106
- 平
- スゲ浜海水浴場 P.84
- 平中心部 左上
- 厄神崎
- 浜方ふれあい館 P.105
- 神浦
- シーサイドホテル藤蔵
- 寺島
- アコウの巨樹 P.105
- 小島崎
- 永手崎

voice 坂道もスイスイ走れる電動アシスト付き自転車「うくちゃり」が便利。宇久平港ターミナル内の宇久町観光協会（→ P.134）で貸し出しを行っている。料金は 1 時間 300 円、3 時間 700 円、1 泊 1500 円。

城ヶ岳展望所
しろがたけてんぼうしょ

景勝地　エリア 平　MAP P.104B2

空気がおいしい宇久島の最高峰

島の中央にそびえる城ヶ岳は、五島富士と称される宇久島の最高峰。標高258mの山頂に展望台があり、北に壱岐や対馬、南に上五島の島々を望む。山城の石垣が残る。

🚗 宇久平港から車で約25分＋徒歩約10分　駐車場 あり

アコウの巨樹
あこうのきょじゅ

景勝地　エリア 小浜　MAP P.104B3

繁茂する枝の間に妖精が隠れていそう!?

島南端の港の近くに林立する巨大なアコウ樹。幹周りが16mほどのものもあり、樹齢は数百年とみられている。複雑に絡み合う根や幹がエネルギッシュ。道沿いにあり手軽に観賞できる。

🚗 宇久平港から車で約10分　駐車場 なし

長崎鼻灯台
ながさきばなとうだい

景勝地　エリア 平　MAP P.104C3

沖に浮かぶ謎の島の正体は？

大岩が転がる岩礁に白い灯台が立つ。その沖に浮かぶのは、古志岐島灯台。日清戦争直前の1894年に国防のために設営されたもので、氷山のような孤島と屹立する灯台が独特の雰囲気。

🚗 宇久平港から車で約20分　駐車場 なし

三浦神社のソテツの巨樹
みうらじんじゃのそてつのきょじゅ

神社　エリア 太田江　MAP P.104B2

鳥居に寄り添う巨大なソテツ

長崎県の天然記念物に指定されている大きなソテツ。樹齢は1000年を超えているともいわれ、太い幹をダイナミックに伸ばす姿は、何頭もの龍が絡み合っているかのよう。

🚗 宇久平港から車で約20分　駐車場 あり

対馬瀬灯台
つしまぜとうだい

景勝地　エリア 野方　MAP P.104C1

五島最北端にたたずむ白亜の灯台

五島列島のいちばん北に立つ対馬瀬灯台。沖に広がるのは、かつて遣唐使が荒波を越えて大陸を目指した東シナ海。先人たちが抱いた夢に思いをはせながら、ロマンを感じよう。

🚗 宇久平港から車で約25分　駐車場 あり

佐世保市宇久島資料館
させぼしうくじましりょうかん

資料館　エリア 平　MAP P.104A1

石器時代の石刃や弥生時代の甕棺は必見

五島最古級の城ヶ岳平子遺跡で出土した石器や甕棺、民俗品などが並ぶ。黒曜石の細石刃や大陸との交易を示す陶磁器など、考古学的価値の高い資料ばかり。

🚗 宇久平港から徒歩約7分
🏠 佐世保市宇久町平2386　☎ (0959)57-3311　🕐 9:00～17:00　❌ 月～金曜（祝日を除く）　🎫 無料　駐車場 あり
※平日は宇久町観光協会案内所（→P.134）に依頼すれば入館可能

火焚崎
ひたきざき

景勝地　エリア 本飯良　MAP P.104A3

五島の歴史はここから始まった!?

五島藩の始祖とされる平家盛が、壇ノ浦の合戦に敗れて流れ着いたと伝わる。岬の下の入江に船を隠し、焚火で暖をとったことから火焚崎と呼ばれる。ここからの夕日はドラマチック。

🚗 宇久平港から車で約30分　駐車場 あり

浜方ふれあい館
はまかたふれあいかん

資料館　エリア 平　MAP P.104C3

漁業と捕鯨の資料を展示

島の漁業や捕鯨の歴史を学べる。素潜り漁を行う海士の漁具や写真は必見。貝細工やクジラ肉の缶詰なども販売している。

🚗 宇久平港から車で約5分
🏠 佐世保市宇久町平3281-79　☎ (0959)57-3935　🕐 9:00～17:00　❌ 月～金曜（祝日を除く）
🎫 200円、中学生以下100円　駐車場 あり

五島列島には先史時代から人が住んでいた形跡がみられる。ただし五島藩として江戸時代まで五島列島を治めた五島氏のルーツは、1187年に火焚崎に上陸した平家盛と伝わる。宇久姓に改名した後、子孫が福江島で築城し、宇久姓から五島姓へと改めた。

神社 | エリア 本飯良 | MAP P.104A3
厄神社
やくじんじゃ

巨岩に目がテンのパワースポット

鎌倉時代に島で流行した病を鎮めるために築かれた神社。その後は疾病平癒や漁業の神として信仰され、他の島々からも参拝客が訪れた。社屋の裏で垂直に立つ巨石が神々しい。

🚗 宇久平港から車で約25分　🏠 佐世保市宇久町本飯良3057
🅿️ あり

定食 | エリア 平 | MAP P.104A2
かっちゃん
かっちゃん

五島名物のクジラを気軽に味わう

クジラの身と皮を弱火でじっくり煮込み、ルーにうま味を凝縮させたクジラカレー920円が名物。肉に臭みはなくコリコリとした歯ざわりがクセになる。クジラカツをのせると1200円。

🚗 宇久平港から徒歩5分　🏠 佐世保市宇久町268-1　📞 (0959)43-4150　🕐 11:30～14:00、17:30～20:30　休 日曜　🅿️ あり

寺院 | エリア 平 | MAP P.104A1
東光寺
とうこうじ

宇久家7代を祀る菩提寺

平家盛（後の宇久家盛）が建立したとされる寺院。本堂の裏手には、福江島に渡る8代の宇久覚（さとる）より前までの、家盛を含む宇久家7代の霊廟が。赤い山門が鮮やか。

🚗 宇久平港から徒歩約7分　🏠 佐世保市宇久町平2397
🅿️ なし

定食 | エリア 平 | MAP P.104A1
港荘
みなとそう

肉たっぷりの定食でガッツリ昼食を

夜は予約制で焼肉を提供しているため、肉の質と量に定評あり。具だくさんのちゃんぽん700円や、刺身や小鉢が付いた焼肉丼1300円で腹を満たそう。

🚗 宇久平港から徒歩5分　🏠 佐世保市宇久町平2480-1　📞 090-2096-3468　🕐 11:30～14:00、18:00～20:00　休 日曜　予約 夜は必要　🅿️ あり

祠 | エリア 平 | MAP P.104C3
堀川恵比寿宮
ほりこえびすぐう

カラフルでチャーミングな恵比寿さま

クジラの山見が行われていた集落に小さな祠があり、捕鯨の無事を願うためのペアの恵比寿像が納められている。地元ではモッタ様と古志岐様と呼ばれ親しまれ、大漁祈願祭が行われる。

🚗 宇久平港から車で約5分　🅿️ なし

居酒屋 | エリア 平 | MAP P.104A1
おおきに
おおきに

大阪発の下町メニューにお酒がすすむ

神島神社の前ではためく大きなのれんが目印。大阪出身の母娘が、串揚げ100円～やお好み焼き700円～をはじめ、居酒屋料理を食べさせてくれる。

🚗 宇久平港から徒歩約5分　🏠 佐世保市平2558-1　📞 (0959)57-2230　🕐 17:00～24:00　休 月曜　カード 可　🅿️ あり　📷 tnokini

定食 | エリア 平 | MAP P.104A1
あられ茶房
あられさぼう

五島の食材を使ったおまかせ和食＆洋食

寿司職人の経験をもつ大将が、仕入れに合わせて寿司や定食、ローストビーフなどを振る舞う。ランチは宇久島の魚が中心の海鮮どんぶり定食1400円が人気。

🚗 宇久平港から徒歩5分　🏠 佐世保市宇久町平2426　📞 (0959)57-3332　🕐 11:30～14:00、17:00～21:00　休 不定休　🅿️ あり　📷 araresabou

カフェ | エリア 平 | MAP P.104A1
カフェ＆カラオケ エトワール
かふぇあんどからおけ えとわーる

美人ママさんの笑顔に癒やされる

宇久で生まれ育った気さくなママさんの店。昼のカフェはコーヒー400円～、夜のカラオケは歌い放題と飲み放題で2時間3500円。常連客には若者も多い。

🚗 宇久平港から徒歩約5分　🏠 佐世保市宇久町平2582-1　📞 090-5285-7584　🕐 10:00～14:00(カフェ)、20:00～24:00(カラオケ)　休 不定休　🅿️ あり

Voice 近海にクジラが回遊し、江戸時代から捕鯨の基地として栄えた宇久島。現在でも調査捕鯨の副産物として鯨肉が共有され、宿や飲食店で宇久島の名物料理として提供されている。宇久平港には実際に使用された捕鯨砲が鎮座。

弁当

エリア 平　MAP P.104B1

飯屋 茶蔵
めしや さくら

ワンコインのお弁当を片手に観光へ

島のお母さんが作る弁当のテイクアウト専門店。魚やフライを盛ったおまかせ弁当は 500 円。から揚げ弁当 650 円やハンバーグ弁当 800 円もおすすめ。

🚶 宇久平港から徒歩約5分　🏠 佐世保市宇久町平3032-2　☎ (0959)57-2885
🕐 11:00〜14:00、16:00〜22:00　休 不定休　駐車場 あり

旅館

エリア 平　MAP P.104B1

井原旅館
いはらりょかん

和室でゆったりくつろげる老舗

平の商店街にあるため、徒歩圏内に飲食店が点在する便利な宿。部屋は畳敷きの和室とベッド付きの洋室タイプ。夕食には島の魚のほか、クジラ料理も提供される。

🚶 宇久平港から徒歩約5分　🏠 佐世保市宇久町平2605-8
☎ (0959)57-3171　素4950円〜、朝5500円〜、朝夕7700円〜　客室数 8室　駐車場 あり　URL ihara-ryokan.com

海産物

エリア 平　MAP P.104B1

黒潮鮮魚
くろしおせんぎょ

兄弟船で水揚げする宇久産鮮魚

宇久島で生まれ育った兄弟が経営する鮮魚店。毎朝の漁で取った魚や貝、海藻を店でさばき、棚に並べる。レンコダイの一夜干し 500 円〜などおみやげになる加工品も充実。全国発送も OK。

🚶 宇久平港から徒歩約5分　🏠 佐世保市宇久町平2607
☎ (0959)57-3590　🕐 8:00〜18:30　休 日曜　駐車場 なし

旅館

エリア 平　MAP P.104B1

藤屋旅館
ふじやりょかん

クジラ料理が自慢の宿

島出身の家族が経営するアットホームな宿。夕食にはクジラや旬魚の刺身ほか、フライや煮物が並ぶ。海沿いに立っているので、オーシャンビューの部屋もリクエストできる。

🚶 宇久平港から徒歩約5分　🏠 佐世保市宇久町平3031-11
☎ (0959)57-2018　素5500円〜、朝6050円〜、朝夕7700円〜　客室数 10室　駐車場 あり

海産物

エリア 平　MAP P.104A1

前田鮮魚店
まえだせんぎょてん

上五島の名産がずらりと並ぶ

宇久島で水揚げされた海産物やその加工品を中心に、かんころ餅や五島うどんなどの特産品が揃う。かつおの生ぶし 1000 円〜は、そのまま食べてもシーチキン代わりに使っても絶品。

🚶 宇久平港から徒歩約5分　🏠 佐世保市宇久町平2552
☎ (0959)57-2121　🕐 8:00〜19:00　休 日曜　駐車場 なし

ゲストハウス

エリア 平　MAP P.104B1

Ebisu home
えびす ほーむ

港を見下ろすバルコニー付きの個室も！

2020 年にオープンした素泊まり限定の宿。和室タイプの一般個室のほか、男女共用と男女別のドミトリーを用意している。海や商店に近い好立地で観光に便利。

🚶 宇久平港から徒歩約7分　🏠 佐世保市宇久町平3104-28
☎ (0959)57-3678　素3300円〜　客室数 7室+16ベッド
駐車場 あり　URL home.ebisu.fishing

おみやげ

エリア 平　MAP P.104A1

宇久町観光協会売店
うくまちかんこうきょうかいばいてん

乗船前の買い足しはここで

宇久町観光協会の窓口に併設された売店。宇久平港のターミナル内にあるので、島に渡った際には情報収集がてら立ち寄り、おみやげをチェックしておくと便利。釣り竿のレンタルも。

🚶 宇久平ターミナル内　🏠 佐世保市宇久町平2524-23
☎ (0959)57-3935　🕐 8:30〜17:30　休 なし　駐車場 あり

民泊

エリア 平　MAP P.104A1

宇久島グリーンツーリズム振興会
うくじまぐりーんつーりずむしんこうかい

気さくで明るい島の家族がおもてなし

約 20 軒の民泊施設があり、釣りや和牛飼育、郷土料理作りなどを体験しながら宿泊できる。家族やグループで島の生活にどっぷり浸ることができる。

💰 朝夕9900円〜　🏠 宇久町観光協会 ☎ (0959)57-3935
予約 2週間前までに必要　URL www.ukujima.com
※希望に応じて適した民泊先が紹介される

---

voice 宇久島の漁師は海士（あまんし）と呼ばれる海の侍。島のアワビ漁師が平家盛の上陸を助けたことで、この称号と五島全域での永久的なアワビの採取権を得た。近年まで素潜りで 30m 以上の水深で漁を行っていた。

五島
島人インタビュー 3
Islanders' Interview

時間がゆっくりと流れる小値賀島の1日。
退屈に感じたこともあったけど、
やっぱり自分にはこの生活がいちばん

左／人気のチキン南蛮定食
右／小値賀産の米と野菜を中心とした、ボリューム満点のメニューを提供

KONNE Lunch&Cafe　藤田 耕司さん
（ふじた こうじ）

都会での暮らしに憧れ
高校卒業後に島を離れ街へ

　上五島の北端に位置する小値賀島。リゾート施設もコンビニもない小さな島だが、美しい風景や穏やかな島民との触れ合いを求めて、多くの観光客が訪れる。そんなのどかな島に生まれ、2021年11月にカフェをオープンした藤田さん。

　「島の高校から大阪の調理師専門学校に進み、福岡の高齢者施設で13年ほど調理師と介護師を兼務し

昔ながらの小値賀の住宅。耕司さんの隣から、次女の彩愛ちゃん、長女の莉愛ちゃん、奥様の愛さん

ていました。そんなとき、島の祖母が認知症になり、自分の経験を生かすほかないと考えました。18歳で『都会でがんばるぞ』と島を飛び出したので、戻るのは勇気がいりました。でも、島の友人が迎え入れてくれたこともあり、帰郷を決めました」

　小値賀島の介護施設に転職し、祖母の自宅介護を行った藤田さん。「3年ほどして祖母を看取ったとき『島を出て介護師になったのはこのためだったんだ』と運命を感じるとともに、燃え尽き症候群のような状態に陥ってしまい、介護の仕事には一段落をつける決心をしました」

小値賀島の財産は人
島民は家族のような関係

　その後も小値賀島に残った藤田さん。調理師の資格を生かしキッチンカーによるホットサンドの移動販売を経験。カフェの開業にいたる。「築100年以上の古民家を、のんびりマイペースで改装しました。若い頃には『島の暮らしは退屈だ』と思ったこともありました。でも今

築100年以上の古民家をリノベーションしたカフェ。島民の利用も多く、観光客との間で会話が弾むことも多いそう

になれば、海を眺めたり、鳥の声を聞いたり、カフェでゆったりしたりという時間を、とても贅沢に感じられています」

　福岡出身の奥様も島暮らしになじんでいるそう。

　「小値賀島の財産は人なんです。野菜をもらったりあげたり、子供に声をかけてくれたり叱ってくれたりと、昔ながらの人付き合いが残っています。妻は、そんな関係を楽しいと言ってくれるので、島の生活に向いているんだと思います」

　お子さんはふたり。1学年十数名の小さな学校に通っているそう。藤田さんが子供たちに望むこととは。

　「豊かな自然や人の愛情を感じ、島を大好きになってもらえたらうれしいです。そして自分のように、小値賀島で育ったことを誇りに思ってくれたとしたら、本当に幸せです」

※ KONNE Lunch&Cafe → P.102

よく知ると、もっと五島が好きになる

五島列島の深め方
More about Goto

複雑な歴史のなかで育まれた五島のカルチャーは、
島の魅力を語るのに欠かせないキーワードのひとつ。
文化を知ると、旅がぐっと楽しくなってくる。

九州の北西部に連なる翠色の島々

五島列島の地理と産業

約150kmにわたって約150の島が連なる

長崎港から西へ約100km、朝鮮半島まで約250kmの東シナ海に連なる五島列島。島の総数は約150で、18の有人島と100以上の無人島で形成される。北端の宇久島から福江島までの距離は約80km、最南端の男女群島まで含めると、約150kmの洋上に分布している。

五島の名称は平安時代に始まり、江戸時代には主要な島である福江島、奈留島、若松島、中通島、宇久島を指した。現在は、男女群島を含む福江島周辺の島々から奈留島までが長崎県五島市、若松島を含む中通島周辺の島々が長崎県南松浦郡新上五島町、小値賀島と周辺の島々が長崎県北松浦郡小値賀町、宇久島と周辺の島々が長崎県佐世保市と、4つの行政区に分かれている。

数十万年前の火山活動でできた島々

今から1200～2300万年前までは、大陸と地続きだった日本。日本海は湖のようになっていて、五島列島はその湖底にあった。その後、60～90万年前頃から火山活動が始まり、およそ数十万年前に隆起。現在のような姿になったといわれる。

火山が分布しているのは、小値賀島を中心とする小値賀火山群と、福江島の福江、富江、三井楽、岐宿地域に分布する福江火山群。福江島では、溶岩質の岩場が広がる海岸が多く、なかでも島南東部の鐙瀬溶岩海岸が特徴的。鬼岳から流れ出た溶岩が冷え固まった海岸が7kmほど続き、変化に富んだ地形を形成。周囲に自生するワシントニアヤシやフェニックスによって、エキゾチックな雰囲気に包まれている。

五島の中心となるのは福江島と中通島

五島列島は大きく、下五島と上五島に区別することができる。下五島と呼ばれるのは、奈留島から南の五島巾で、上五島は若松島より北の新上五島町に、小値賀島と宇久島を含めたエリア。

なかでも見どころが多く観光にも便利なのが、下五島の福江島と上五島の中通島。どちらもメインとなる港の周辺には、宿泊施設や飲食店が建ち並び、島内観光はもちろん、周辺離島への移動の起点として便利だ。初めて旅行する場合は、福江島であれば福江港周辺、中通島であれば有川港や青方港周辺を滞在先とするのがおすすめ。航路を上手に利用すれば、長崎港から福江島に入って五島列島を縦断し、佐世保港に帰着なんていう旅も計画できる。

青い海に浮かぶ緑が豊かな島々。自然と人々が共存している

溶岩質の黒くゴツゴツした岩場が続く鐙瀬溶岩海岸。背後には鬼岳がそびえる

五島列島へのアクセスは航路がメイン。フェリーや高速船でほかの島へ移動できる

五島列島を支える産業

農業
温暖な気候で野菜や米を栽培

温暖な気候から、中玉トマトやブロッコリーなどの野菜のほか、メロンやマンゴーといった果物も栽培されている。久賀島では棚田での稲作も行われている。

市街地から離れると田畑が広がる癒やしの風景が

漁業
全国トップクラスの海の幸

対馬暖流の恩恵を受け、四季折々の海産物を楽しめる五島。アジ、サバ、ブリ、イカ、カツオの漁獲量が多く、最近では、クロマグロの養殖に力を入れている。

マダイ、フグ、ブリ、車エビなどの養殖が盛ん

畜産業
高級ブランド牛を飼育

日本で最も古い牛のひとつといわれるのが、五島市の五島牛。潮風を浴びた草を食べているため肉質が軟らかく、味と香りが強いといわれる高級牛だ。

五島牛や長崎和牛が、五島列島の各所で飼育されている

酒造業
島の麦や芋で造る焼酎

栄養価の高い芋や麦が生産される五島。福江島の五島列島酒造と、中通島の五島灘酒造では、島の農産物や水にこだわった焼酎造りが行われている。

純五島産の芋焼酎や麦焼酎はフルーティな味わい

voice 難しいとされているクロマグロの養殖。黒潮から対馬暖流が分かれる五島では、8～9月の曳縄漁でマグロの幼魚を確保でき、潮当たりのいい栄養満点な湾に生けすを作れるという優位性がある。

Geography of Goto

長崎港から西へおよそ100kmの洋上に浮かぶ五島列島。
大陸に近く対馬暖流の恵みを受ける島々は、豊かな自然と文化をもち、
見る・食べる・遊ぶと三拍子揃った観光地として人気を集めている。

真っ青な海を見渡すリアス海岸が美しい

　リアス海岸とは、複雑に入り組んだギザギザとした海岸線のこと。川の流れなどで削られた谷が、海水面の上昇などによって海に覆われたもので、スペイン北西部のガリシア地方にこのような地形が広がり、スペイン語で入江を指す「ria」を複数形にした「rias」が語源となった。

　五島列島の海岸線も、鋸を何枚も並べたような鋭く深い絶壁が続く。深部まで大きな波が届かないため、古くから天然の漁港として知られていたほか、身を潜めやすい環境により、近世は禁教令から逃れたキリシタンの隠れ家として利用された。

　現在は穏やかな入江の海水浴場や、複雑な海岸線と美しい島々を眺める展望台が、島の人々や観光客を楽しませている。

福江島の大瀬埼灯台周辺では、高台から複雑に入り組んだ海岸線を眺めることができる

砕石や加工でにぎわった重要文化的景観
新上五島町崎浦の五島石集落景観

文化的景観とは、地域に根付いた日本らしい風景のこと。新上五島町崎浦（中通島）の友住地区と赤尾地区には、五島石で築かれた集落が残る。

崎浦友住地区

　古くから漁業が盛んで、江戸時代には捕鯨の町として栄えた崎浦。明治時代になると海岸の砂岩質の石を切り出す石材業が発展し、道や家屋、生活用品などに利用されることになる。友住地区では、明治時代の石畳や石垣が人々の生活に溶け込んでいる。

MAP 折り込み③D3　**交** 有川港から車で約20分　**駐車** あり

上／何百もの石が積み上げられた石垣。どこか懐かしい雰囲気　右／集落入口には家々の間に五島石の小路が延びる

崎浦赤尾地区

　赤尾地区でよく見られるのが、下部を石の腰壁で覆われた民家。風雨の侵入や外壁の傷みを防ぐのが目的とされ、古い時代のものは床下に「いもがま」と呼ばれる、サツマイモなどの孕す貯蔵庫がある。板石の厚さは5〜6cmほどで、高さが2m近くあるものも。

MAP 折り込み③D3　**交** 有川港から車で約15分　**駐車** あり

上／改築された民家も板石はそのままに残されている　右／集落入口の孕（はらみ）神社。石段や鳥居は五島石で造られた

製造業
健康と美容に椿油を

　列島全域にヤブツバキが自生する五島は、古くから椿油の産地として知られ不老長寿の妙薬と重宝された。現在も純度100%の椿油や、石鹸、クリームなどの加工品を製造する。

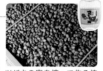

ツバキの実を搾って作る椿油。おみやげに最適

観光業
世界遺産に登録された教会群

　五島はダイビングやカヤックなどのマリンアクティビティをはじめ、キャンプなどのレジャーも盛ん。現在は、世界遺産に登録された潜伏キリシタン関連遺産が注目を集める。

信徒によって大切に守られてきた教会。静かに巡礼を

国生みの神話に登場する
五島の島々

　石器の発掘などから、有史以前から人が住んでいたと考えられる五島列島。文献として最も古い記述は、712年に編纂された『古事記』。イザナギとイザナミが日本を造る国生み神話のなかに、智訶島という名で登場し、五島が古くはチカと呼ばれ、国政の重要な場所であったことがうかがえる。加えて列島最南端となる無人島の男女群島も、両児島（ふたごのしま）として記されている。

五島の統治は、1187年に宇久島に上陸した平家盛から始まったとされる

VOICE 文化的景観のなかでも特に重要なのが重要文化的景観。2024年4月現在全国に72ヵ所あり、五島では崎浦以外に、五島列島における瀬戸を介した久賀島及び奈留島の集落景観、小値賀諸島の文化的景観、新上五島町北魚目の文化的景観がある。

111

遺唐使からキリシタン、観光業でにぎわう現在まで

五島列島の歴史

旧石器時代	紀元前1万8000年頃	上五島に集落ができる。※城ヶ岳平子遺跡（宇久島）や玉石鼻遺跡（小値賀町斑島）の発掘から
縄文時代	紀元前2600～1000年頃	福江島に集落ができる。※堂崎遺跡や水の窪遺跡の発掘から
弥生時代	紀元前100～300年頃	五島列島各所に集落ができる。※浜崎遺跡（中通島）や桐古里遺跡（若松島）の発掘から
古墳時代	500年後半頃	小値賀島に古墳が築かれる。
飛鳥時代	695年	福江島に五社神社が創建される。
飛鳥時代	704年	『古事記』に国生みの島のひとつとして五島列島が記される。
奈良時代	712年	『肥前風土記』に、景行天皇が従者に五島島内を視察させたとの記述。
奈良時代	713年	『万葉集』に対馬への防人への食料船が福江島青方に寄泊。風が吹かず引き返し翌年に渡唐。
奈良時代	724年頃	第7次遣唐使の帰朝の際、粟田真人や山上憶良が福江島玉之浦へ漂着。
奈良時代	776年	第14次遣唐使で4隻約500人が中通島青方に寄泊。
平安時代	804年	第16次遣唐使で4隻が久賀島に寄泊。最澄（38歳）と空海（31歳）らが随行。
平安時代	806年	空海が唐からの帰国の際、福江島の大宝寺と明星院に立ち寄ったとされる。
平安時代	838年	第17次遣唐使が福江島に寄港。円仁が随行する。
平安時代	964年	『蜻蛉日記』に「死者に逢える島」として、みみらく（三井楽）が紹介される。
平安時代	1187年	平家盛が宇久島に上陸。領主になり宇久家盛と改名したと伝わる。
鎌倉時代	1281年	宇久家の5代目である宇久競が元寇の役に出陣。軍功を上げる。
鎌倉時代	1383年	8代目の宇久覚が宇久島から福江島の鬼宿（岐宿）に移り、辰の口城を築く。
室町時代	1388年	9代目の宇久勝が岐宿から福江に移り、城岳に山城を構える。
室町時代	1413年	五島各地の豪族と五箇条の規約が成立し、宇久勝が小値賀島を除く列島の党首に。
室町時代	1457年	宇久家ほか四氏の豪族が朝鮮との貿易を許可される。
室町時代	1465年	宇久家と奈留家が室町幕府から遣明船の警護を命じられる。
室町時代	1540年	明の王直らが通商を請い来島。
室町時代	1566年	18代目の宇久純定がキリスト教の宣教師を五島に招く。
安土桃山時代	1592年	17代目の宇久盛定が福江島に唐人町と六角井戸を与える。
安土桃山時代	1598年	20代目の宇久純玄が宇久姓を五島姓に改め、五島純玄となる。※以降、五島のキリスト教の歴史は右の囲みで紹介
江戸時代	1617年	中通島の有川に鯨組が組織される。
江戸時代	1638年	徳川家から五島領として1万5530石を与えられる。
江戸時代	1641年	島原の乱に国家老の青方善介ら120人が出陣する。

幕府から異国船御番方を命じられ、五島領の7ヵ所に見張り場所を設ける。

古代　大陸との往来の重要地点に

五島は『古事記』に記されるなど、古くから国政の重要地点であったと考えられる。776年の第14次遣唐使からは、博多から出発し福江周辺や宇久島に寄港して風を待って再出港するコースがとられるようになり、最澄や空海、円仁ほか多くの文化人が立ち寄った。彼らの足跡は島のあちこちで探ることができる。

第14次から最後の第17次まで、4隻500人の大船団が唐を目指した

中世　宇久島に流れ着いた平家盛

894年に遣唐使が廃止され、静かな時代を迎える五島。鎌倉時代を目前とした1187年、平家の血を引く平家盛が、壇ノ浦での合戦に破れ、追手を逃れて宇久島に上陸したと伝わる。その後、8代の覚が福江島の城岳に山城を築き、9代の勝が列島の党首として認められるなど、江戸時代にいたるまで勢力を保つ。

平清盛の異母弟となる家盛。宇久島に漂着し漁師に助けられたと伝わる

近世　キリシタン推奨から迫害へ

1566年、18代の純定が自ら宣教師を招き、長崎一帯と同様にキリスト教の布教を許可。19代の純尭はキリシタン大名としてキリスト教を推進し、信者は2000人を超える。しかし豊臣秀吉の世から弾圧が始まり、姫島、久賀島、頭ヶ島、桐古、水ノ浦、楠原、三井楽では厳しい迫害が行われた。

voice 〈 『古事記』に伝わる国生みの神話によると、イザナギとイザナミの二柱によって、まずは淡路島、四国、隠岐島、九州、壱岐島、対馬、佐渡島、本州が造られ、その後に児島半島、小豆島、周防大島、姫島、五島列島、男女群島が造られた。

古くは大陸との交易の要衝としてにぎわった五島列島。
キリスト教伝来とともに動乱の時代を迎え、現在もその遺構があちこちに。
歴史の流れを知っておけば、五島の旅がより充実したものになる！

History of Goto

江戸時代									明治				大正	昭和			平成	
1678年	1692年	1701年	1728年	1797年	1813年	1849年	1856年	1863年	1871年	1872年	1879年	1886年	1912年	1954年	1955年	1963年	2004年	2018年

- **1678年** 中通島の魚目で網による捕鯨が始まる。
- **1692年** 高野山の僧侶125人が五島へ流罪となる。1700年に赦免。
- **1701年** 長崎の深堀義士19人が五島に流罪となる。1709年に赦免。
- **1728年** 五島スルメを朝廷に献上。
- **1797年** 福江島の野々切で五島領内初の百姓一揆が起こる。1862年まで続く。
- **1813年** 5月から8月にかけて伊能忠敬の一行が宇久島から福江島までを測量。
- **1849年** 30代目の五島盛成が江戸幕府から福江城（石田城）の築城を許可され着工。
- **1856年** 福江島で荒川温泉が発見される。
- **1863年** 31代目の五島盛徳の時代に福江城（石田城）が完成。
- **1871年** 廃藩置県により福江藩から福江県に。その5ヵ月後に長崎県に併合される。
- **1872年** 福江城（石田城）が陸軍省に移管され、建物が解体される。
- **1879年** 福江島に大瀬埼灯台と五島最古の教会となる堂崎教会が建てられる。
- **1886年** 男女群島付近で深海サンゴが発見され採取が始まる。
- **1912年** 五島〜長崎間と五島〜佐世保間に定期航路が開設される。
- **1954年** 福江市が発足。ほかの地区は富江町や有川町など町となる。
- **1955年** 西海国立公園が制定され、列島全域が国立公園となる。
- **1963年** 福江島の高台に福江空港が完成する。
- **2004年** 市町村合併により、福江島と周辺が五島市、中通島と周辺が新上五島町となる。
- **2018年** 五島の4集落を含む「長崎と天草地方の潜伏キリシタン関連遺産」が世界遺産に。

◆五島のキリシタン略史◆

- **1549年** フランシスコ・ザビエルが鹿児島に上陸し、キリスト教を伝える。
- **1566年** 18代領主の宇久純定が、イエズス会修道士のルイス・デ・アルメイダと、日本人修道士のロレンソを招き、キリスト教の布教を許可。

中央が宇久純定。左のふたりが修道士

- **1567年** 宇久純定の子、19代目の純尭が洗礼を受けキリシタン大名となる。
- **1587年** 豊臣秀吉が伴天連追放令を発布し、キリシタンの弾圧が始まる。
- **1597年** 長崎で二十六聖人殉教。豊臣秀吉の命によって、五島出身のヨハネ草庵（19歳）を含む26人の信徒が処刑される。

堂崎教会のヨハネの像

- **1614年** 徳川幕府からキリスト教の禁教令が発布され、島内から教徒が追放される。
- **1628年** 幕府が五島各所に札を立ててキリスト教徒の入島を防ぐ。
- **1667年** 長崎奉行所から五島藩に2枚の「踏絵」が送られる。これで五島の宗門改を行い、キリスト教徒でないことを島民に証明させた。

堂崎教会の踏絵の複製

- **1797年** 長崎の大村藩から五島藩へ潜伏キリシタンを含む108人の農民が移住。その後移民の数は3000人を超えた。
- **1868年** 福江島の水ノ浦と、沖の姫島でキリシタン迫害が始まる。
- **1868年**

牢屋の跡に立つ信仰の碑（殉教記念碑）

久賀島の牢屋の窄に約200人が投獄され、42人が殉教。後に五島崩れと呼ばれる厳しい弾圧が始まる。

- **1873年** 禁教令が撤廃され、長い弾圧の時代が終わる。

現代

世界遺産登録の観光地へ

黒潮と対馬海流の恵みを受ける五島。明治から昭和にかけては、捕鯨やサンゴ漁の基地としてにぎわった。2007年には「長崎の教会群とキリスト教関連遺産」として、奈留島や久賀島、頭ヶ島、野崎島の集落が世界遺産の暫定リストに入り、2018年に「長崎と天草地方の潜伏キリシタン関連遺産」として本登録されている。

禁教令の解除は1873年。1879年に五島最古となる堂崎教会が建立される

沖縄に負けないサンゴを楽しめる五島の海。マリンレジャーも盛ん

幕末の1863年に完成した石田城は、福江島の中心に位置するため福江城とも呼ばれる。完成までの歳月は14年、およそ2万両の工費と5万人の人夫が投入されたと伝わっている。

伝統行事やイベントに参加しよう！

五島列島の祭り歳時記

1月	2月	3月	4月	5月	6月

福江島・奈留島・嵯峨島・久賀島

戸岐神社例大祭
❖ 1月上旬 ❖ 福江島・戸岐町
神輿に続き、天狗や翁の面を着けた氏子が練り歩く。古い様式を正確に守る貴重な祭り。

迫力のある面に、子供たちの歓声や泣き声が響く

ヘトマト
❖ 1月中旬
❖ 福江島・下崎山町 白浜神社
国指定重要無形民俗文化財になっている奇祭。新婚の女性が酒樽に乗って行う羽根つき、大わらじの奉納などで、豊作や大漁、子孫繁栄を祈願する。

長さ3mの大わらじをかついで町を練り歩く

五島椿まつり
❖ 2月中旬〜3月上旬 ❖ 五島市全域
島内各所に屋台が並び、ショーなどにぎやかなイベントが行われる。

五島市のPRキャラクター。左からごとりん、バラモンちゃん、つばきねこ

五島つばきマラソン
❖ 2月下旬 ❖ 福江島・三井楽町
遣唐使ふるさと館から、マラソンで三井楽を一周する。

富江桜まつり
❖ 3月下旬〜4月上旬
❖ 福江島・さんさん富江キャンプ村
多郎島海水浴場周辺の桜林に300個前後の提灯がともり、夜桜を楽しめる。

琴石のこいのぼり
❖ 4月下旬〜5月中旬
❖ 福江島・富江町琴石
琴石の集落を中心に、200近い鯉のぼりが舞う。

元気に育ってネ

鬼に向かって前進する姿を描いたバラモン凧

こども自然公園大会
バラモン凧あげ大会
❖ 5月上旬 ❖ 福江島・鬼岳園地
芝生が広がる鬼岳で、バラモン凧作りや凧揚げが行われる。

富江半島ブルーライン健康ウォーク大会
❖ 5月上旬
❖ 福江島・さんさん富江キャンプ村
青い海と溶岩海岸を眺めながら往復8kmのサイクリングロードを歩く。郷土芸能の発表も。

五島長崎国際トライアスロン
❖ 6月中旬 ❖ 福江島全域
富江港のスイムに始まり、島内全域を走破するバイクなど、トライアスロン世界選手権の日本代表選考も兼ねるレース。

中通島・若松島・小値賀島・宇久島

みんかけ
❖ 1月3日 ❖ 中通島・似首郷
水をかけるという意味の、みんかけ。前年に結婚した夫婦の家に、樽に入れた水を笹でかける。

今里の的射り
❖ 1月上旬
❖ 中通島・今里郷
神社での神事のあと、青年が矢を射る。悪疫退散を目的とした儀式。

弁財天（メーザイテン）
❖ 1月中旬
❖ 中通島・有川郷
捕鯨の文化が伝わる有川地区で、鯨を取る際の羽差姿の若者が練り歩き、商売繁盛や家内安全を祈願する。

海童神社などで祈願が行われる

岩家観音大縁日祭
❖ 1月中旬
❖ 中通島・青方郷
観音岳公園で大縁日祭が行われ、お守り等の販売や、うどん茶屋、ぜんざいなどの出店でにぎわう。

銭まき
❖ 1月2日 ❖ 中通島・乙宮神社
中通島で100年以上続く伝統行事。参道から厄年や還暦の住民が銭をまき、厄よけや招福祈願を行う。

五島列島椿ロードノルディックウォーキング
❖ 3月上旬 ❖ 中通島・有川郷
ツバキが咲き誇るコースを、補助のポールを両手に持ちウォーキング。ショートとロングコースがあり運動不足を解消！

幻想的な光のショー

ほたるのふるさと相河川まつり
❖ 5月中旬〜6月中旬
❖ 中通島・相河郷
上五島で最もホタルが集まる相河川（あいこがわ）でホタルの光を観賞。初夏の風物詩。

竜神祭（ひよひよ祭）
❖ 7月中旬 ❖ 宇久島・神浦港
旧暦6月17日の夜に行われる300年の歴史をもつ神事。笛や太鼓に合わせて「ヒヨーヒヨーヒヨー」と連呼して港内を歩く。

voice 「オーオモーオンデーオニヤミヨーデー」と唱える念仏踊り、チャンココ。オーモンデーとも呼ばれ、記録によると800年前にはすでに踊られていたとか。腰みの姿から南方より伝わったと思われるが、ルーツは定かではないミステリアスさが魅力。

古くからの文化と豊かな自然が守られる五島列島は、
伝統的な祭りや旬の食材を楽しむ会など、季節を問わずイベントがいっぱい。
あたたかい島の人たちと一緒に、五島の年中行事に参加しよう。

Festival of Goto

7月	8月	9月	10月	11月	12月

ぎょうが崎漁火祭
❖ 7月中旬 ❖ 福江島・魚津ヶ崎公園
遣唐使を見送った海を望む魚津ヶ崎公園で、ステージイベントや出店が。

裸足で腰みのを巻き、花笠をかぶって踊る

チャンココ踊り
❖ 8月13〜15日 ❖ 福江島全域
腰みのの姿に花笠をかぶり、太鼓を抱いて舞い踊る。南方を思わせるエキゾチックな雰囲気が魅力。県指定無形民俗文化財。

オーモンデー
❖ 8月14日 ❖ 嵯峨島
遣唐使時代末期に中国大陸から伝わったとされる念仏踊り。県指定無形民俗文化財。

ハーフと5kmのコースが用意されている

五島列島夕やけマラソン
❖ 8月下旬 ❖ 福江島・五島港公園
日本で最後に太陽が沈む五島列島で、夕日を浴びながら走る。

玉之浦カケ踊り
❖ 8月14日 ❖ 福江島・玉之浦町
玉之浦の念仏踊り。2班で約100軒を回り西方寺で合流。

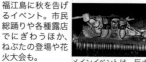
大漁旗を掲げ神輿を乗せた漁船の勇壮

巌立神社例大祭
❖ 9月下旬 ❖ 福江島・岐宿町
天狗の面をつけた猿田彦の先導で、岐宿町内を神輿が練り歩く。

福江みなとまつり
❖ 10月上旬 ❖ 福江島・福江商店街
福江島に秋を告げるイベント。市民総踊りや各種露店でにぎわうほか、ねぶたの登場や花火大会も。

メインイベントは、巨大なねぶたの登場

奈留神社例大祭
❖ 10月中旬 ❖ 奈留島全域
神輿を乗せた漁船団が海上パレードをしたあと、若者が神輿を担ぎ町内を練り歩く。

長崎五島ツーデーマーチ
❖ 11月中旬 ❖ 福江全域
初日は高浜海水浴場周辺、2日目は堂崎教会周辺など、秋の五島を散策する。

とみえ産業市
❖ 12月中旬 ❖ 福江島・富江港緑地公園
海産物や野菜などの地域特産品を、格安で買うことができる。餅まきも楽しい。

大宝郷の砂打ち
❖ 10月下旬〜11月上旬 ❖ 福江島・玉之浦町
藁をかぶったサンドーラと、獅子や天狗の面をかぶった氏子が練り歩き、無病息災や豊作、大漁を祈願する。

藁をかぶった砂鬼はサンドーラと呼ばれる

蛤浜で遊ぼデー
❖ 7月中旬 ❖ 中通島・有川郷
蛤浜海水浴場の海開きイベント。高井旅海水浴場や船崎海水浴場も同時に開放される。

スイカ割りやビーチフラッグなどの楽しい催しが行われる

十七日祭り
❖ 7月下旬 ❖ 中通島・有川郷
クジラの顎の骨の鳥居で有名な海童神社で、踊りなどが披露される。

奈良尾夜市と花火大会
❖ 7月下旬 ❖ 中通島・奈良尾郷
奈良尾港でのゲームやショーのあと、花火大会が行われる。

祇園祭
❖ 7月中旬 ❖ 宇久島・八坂神社
災厄を払うために祇園の神を祀る夏祭り。神輿や露店でにぎわう。

小値賀島夏祭り
❖ 8月15日 ❖ 小値賀島・小値賀港周辺
港に出店が並び、ペーロン大会やコンサート、花火が行われる。

青方念仏踊り
❖ 8月14日 ❖ 中通島・青方郷
白装束に編笠をかぶった踊り手が、南無阿弥陀仏の旗を背負って練り歩く。

勇壮な神輿が町を練り歩く

神島神社例大祭（おくんち）
❖ 10月中旬 ❖ 宇久島
平地区の総氏神が祀られる神島神社。大漁満足と五穀豊穣を感謝し、神輿や舞が奉納される。

室町時代後期に原型が生まれたとされる

ペーロン大会
❖ 8月中旬 ❖ 中通島全域
ペーロンとは、数人で漕ぐドラゴンボートのこと。夏は各所で競争大会が行われる。

五島神楽
❖ 10月中旬〜11月上旬 ❖ 中通島全域
400年以上の歴史をもつ五島神楽。上五島の文化のなかで独自に育まれたもので、2畳分の板張りの上で、全30番の神楽舞が披露される。

チャーチウィーク in 上五島 教会コンサート
❖ 12月上旬 ❖ 中通島全域
クリスマスシーズンの教会で、信徒によるライトアップや、コンサートが行われる。

教会で聴く音楽は優しく心に染み入る

国の選択無形民俗文化財に指定されている五島神楽。江戸時代中期に現在の型に整ったといわれ、躍動的でメリハリのあるリズムが特徴。福江、岐宿、玉之浦、富江、有川、上五島、宇久と、地域によって少しずつ内容が異なる。

時代を超えて守り続ける伝統の技
島の手しごと

活版印刷

横山 桃子 さん

Momoko Yokoyama

1. 工場の壁面には鉛でできた活字がずらりと並ぶ　2. 60年前に作られたドイツハイデルベルク社製活版印刷機を導入　3. 「活版には色気がある」とは桃子さんの父、弘藏さんの言葉。確かに……　4. 桃子さんの師でもある晋弘舎3代目の弘藏さん

デジタル全盛の時代に、活版印刷を守り続ける晋弘舎。約100年続く島で唯一の印刷工場には、鉛でできた活字がずらりと並ぶ。「小さな島なので、活版でも十分に間に合ったんです」と言うのは、4代目の横山桃子さん。今でも町営船の乗船券をはじめ、島内の印刷物の多くが活版で印刷されている。「大好きな小値賀島でデザインの仕事をしたいと考え、行きついたのが実家の仕事を継ぐことでした」と桃子さん。デザインを学んで

いた大学で、活版印刷所を見学したことが大きな契機になったそう。
「私にとって日常の活版を、ゼミのみんながかっこいいと言ったのに驚いたんです」
　活版印刷の文化的価値についても知り、よいものとして見るようになったという。
　現在は父である弘藏さんの技術を学びながら、全国から発注がある名刺制作を受けもつほか、2018年には自分の工房をオープンし活版体験を行っている。「お客さんの反応がダイレクトに感じられるのがうれしい。今後も活版を通して小値賀を発信していきます」

OJIKAPPAN
MAP P.99B2　**交** 小値賀港から徒歩約7分　**住** 北松浦郡小値賀町笛吹郷1738　**休** 不定休　**料** ポストカード体験3500円〜
予約 体験の予約はおぢかアイランドツーリズムへ→P.134　**駐車場** なし
URL ojikappan.com
※2024年4月現在、一時休業中

活版印刷の可能性を信じ
真っすぐに進む若き継承者

Profile * よこやま ももこ
島で唯一の印刷会社、晋弘舎の4代目。デザイン会社を経て島に戻り活版印刷の道に入る。

116 | voice 小値賀島の隣に浮かぶ野崎島の北部には、王位石（おえいし）と呼ばれる全長24mの巨岩が鎮座する。さまざまな伝説に登場する聖なる石は、自然にできたものか人工物かさえ不明。謎に満ちた奇岩は、トレッキングツアーに参加すれば見ることができる。

世代から世代へ、五島列島に連綿と受け継がれてきた伝統の技術。
島には先人が工夫を重ねた技を守り、つなげていこうとする人々がいる。
失われつつある"手しごと"を伝承する、3人の職人に迫った。

Traditional Crafts *of Goto*

椿油　川口 秀太さん *Shuta Kawaguchi*

五島に自生する
ヤブツバキから搾り出す
純粋無垢のツバキオイル

　ヤブツバキが自生する五島列島では、肌や髪のケアはもちろん食用や灯用など、古くから椿油が親しまれてきた。
　「五島うどんを延ばすときに椿油が使われたり、教会の内装にツバキの花が描かれたりと、ツバキは五島の人々の生活や文化に根ざしています」とは、川口秀太さん。通常、椿油は種を蒸してから製油するが、火を使わない生搾り製法を開発。栄養分であるオレイン酸をよりフレッシュな状態で抽出し、べたつきや臭みを抑えることに成功した。
　「自然のヤブツバキなので、農薬や化学肥料はゼロ。今後は島で揚がったアゴやキビナゴを漬けて、アンチョビ風の食品を開発したいですね」と意欲を見せる。

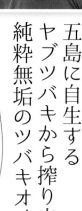

Profile＊かわぐち しゅうた
株式会社やがため代表。矢堅目の駅で、椿油のほか、奈摩湾の海水を薪で炊き上げた「矢堅目の塩」の製造販売を行っている。
矢堅目の駅→P.94

上/自生するヤブツバキの種を天日に干し、砕いたもの
下/砕いた種は火を通さず、圧縮機で生搾り。1kgの種から取れる椿油は250mlほど

左/やがため生搾りつばき油2700円(30ml)
右/ツバキの花のモチーフが美しい中ノ浦教会

サンゴ工芸　出口 慶一郎さん *Keiichiro Deguchi*

きめ細かい作業で
唯一無二の
芸術品を生み出す

　明治時代にサンゴ細工で栄えた富江町。立体感が際立つ五島彫りをはじめ、繊細な技法は今に受け継がれている。
　「サンゴの色や形はすべて違いますから、どれも一品物なんです」と言うのは、職人歴25年以上の出口慶一郎さん。
　「サンゴは希少なので、無駄がないように工夫することも重要です」と出口さん。サンゴは熱に弱いため、冷やしながらの地道な作業になるそう。「慎重にやらないとヒビが入ることもあるんです」
　伝統の技を守りながら、今の流れに合わせ金細工を使った作品など、新しいデザインの模索にも余念がない。

Profile＊でぐち けいいちろう
サンゴ工芸の職人だった祖父、父の姿を見て育ち同じ道に。デザインものを得意とする。
出口さんご→P.57

右上/希少なサンゴを無駄にしないように、ていねいに削っていく　右下/使うサンゴの色や質感によってイメージが変わる

五島の純正椿油は、オイルとは思えないサラサラ感！　髪だけでなくお肌や爪、楽器のお手入れにも使える万能ぶりに感動しています。
食用の椿油で揚げた天ぷらも絶品。食べることのできるコスメって安心！
（東京都　ハッチさん）

豊かな自然とあたたかい島人に囲まれて
五島列島ライフを満喫中！

島に恋して

福江島は子供がのびのびと
暮らせる昔ながらの環境。
島で家族が増えました

五島市役所
尾方 勉さん

移住者からの視点で
福江島のよさをPR

海上保安官として、日本全国へ赴任していた尾方さん。30歳の頃に配属された福江島で、大きな決断をする。

「父親も船関係の仕事で転勤が多く、子供の頃からいろいろな場所に住んできました。福江島は、とにかく人や地域があたたかく迎え入れてくれて、自分のためにも、そして何より妻と長女のためにも、ここを故郷にしたいと強く思うようになりました」と尾方さん。

その後、五島市役所に転職し、福江島ライフをスタートさせた。

「最初は方言がわからず苦労しました。でも、皆さん明るい方ばかりなので、笑い飛ばしつつ、ていねいに教えてくれます。こちらに来てから次女も生まれ、周囲の皆さんが、わが子のように接してくれるのがうれしいです」

すっかり地域の一員として溶け込んでいる尾方さん。観光交流課に在籍していたときは、観光事業の振興、観光資源の保存、開発などを担当していた。

「島に来たら観光スポットを回るだけではなく、集落やお店で島の人との会話も楽しんでください。きっと皆さんも"故郷にしたい"と思ってくれるはずです。もちろん、移住も大歓迎ですよ」とほほ笑む。

上／次女の瑠海ちゃん。家族４人でゆったり島時間を送っている下／尾方さんと五島市のPRを行うイメージキャラクター。左から、バラモンちゃん、ごとりん、つばきねこ

Profile ＊ おがた べん
海上保安官を経て、30歳から福江島へ。現在は五島市役所の三井楽支所窓口班に勤務。町内会を通した町づくりのサポートなどを行なっている。

voice＞　五島の方言で、尾方さんが悩んだのが「あが」という言葉。英語の「You」と同じで二人称を指すものの「お前」に近いフランクな言い方なので、上司から「あが」と呼ばれても、上司を「あが」と呼んでしまったら大変なことに。

古くから大陸との交易地としてにぎわった五島列島。
そんな風土から島の人はみんな気さくで、誰でも親切に迎え入れてくれる。
五島の魅力にすっかりハマり、移住を決めたおふたりに話を聞きました！

Falling in Love with Goto

都会でもなく田舎でもない中通島。
チャレンジを望みさえすれば
誰にでも必要な環境が与えられる

DRONTE = DODO（ドロンテ＝ドードー）
福田 龍さん

上／写真左から、奥様の佳也さん、長女のチカちゃん、次女アオちゃん。全学年で20人程度の小学校で、勉強や遊びを楽しんでいるそう 下／工房の近くに畑を借り、テリーヌに使う野菜を育てている

四季のある五島に惚れ
旬を味わうテリーヌを開発

　五島産のシャルキュトリとして、自家製のテリーヌを製造する福田さん。移住のきっかけは、奥様との五島旅行だそう。
　「島暮らしが好きで、以前は常夏の小笠原・父島に住んでいました。五島に遊びに来て、島ながら四季があり、とにかく魚がおいしいことに感動したんです」
　中通島に移住し、ホテルの調理場で働きながら資金を貯め、独立する。
　「広大な土地をもつヨーロッパでは、豚の飼育が盛んで、良質なソーセージが製造されます。海が豊かで生きのいい魚が手に入る五島で何かできないかと思ったとき、ひらめいたのが、魚のテリーヌでした。中通島では、漁師さんから魚を直接買い付けられるので、四季の味覚を新鮮なままテリーヌの中に閉じ込められるんです」
　具材にする野菜の栽培も始めた福田さんに、五島の魅力を聞いた。
　「中通島は、便利なものがありすぎずなさすぎず、ちょうどいい規模だと思います。工房や畑が必要なら空いた家や畑を探すことができ、工具や調理器具が足りなければ町で買うことができます。挑戦したい人にはいつでもその機会が与えられるような、懐の深さも五島の大きな魅力ではないでしょうか」

Profile ＊ ふくだりょう
2022年8月からDRONTE = DODOにて海のテリーヌを製造。ヤイトとニンジン、アゴとカボチャなど季節の味を楽しめる。新製品の魚のオイル煮が絶賛発売中。

voice
海のテリーヌ（1個500円）は、新上五島町観光物産センター（→P.94）、メル・カピィあおかた（→P.94）など中通島のショップで購入可能。DRONTE = DODOのオンラインショップも要チェック！ URL drontedodo.easy-myshop.jp

119

地元の人との距離がグッと縮む♪ 島言葉

こんかな いらっしゃい

長崎の方言に近く、韓国語の影響も受けているという五島弁。撥音・促音をあまり発音するため、リズミカルな言葉になっている。島ごとに異なる方言を結ぶほか、同じ島内でも地区によって少しずつ違う言葉が伝わっている。

東

番付	標準語	島言葉
横綱	優しい	やーらしか
大関	祝げる	ほたる
大関	ごちそう	ごっつ
大関	恥ずかしい	はんかぴか
関脇	いたずらする	てんごする
小結	砂浜	はまんくら
小結	君	わっ

前頭

標準語	島言葉	標準語	島言葉	標準語	島言葉
太った人	どんべ	酒飲み	のんべ	嘘	へっぱっ
穴	だんばん	寂しい	とうじんなか	きたない	よそわしか
立派	ぎっぱか	珍しく	じんべん	穴があく	ほげる
たくさん	うかもん	だらしがない	じゃらしなか	〜のそば	〜のにき
ゴミ	ごもく	同じ	いっちょん	かわいそう	つんだぴか
やかましい	せからしか	我が家	えんち		
フグ	ぶくりん	君の家	わんねんち		
小さな穴	めんず	いっぱい	びっしゃっ		
懐かしい	めんだぴか	共	もや		

西

番付	標準語	島言葉
横綱	荒々しい	ばらもん
大関	かわいい	みじょか
大関	牛	べべんこ
大関	たびたび	しゃーしゃ
関脇	かわいくない	びっつんなか
小結	いっても	いってんかっでん
小結	すごいことだ	ざまんこったい

前頭

標準語	島言葉	標準語	島言葉	標準語	島言葉
あなたが	あっが	桃て	てるぼうまんふっ	鼻水	づんだれ
私が	おっが	親戚	やうち	駄目	めいなか
怖い	あっぱか	イシダイ	ひさんゆお	親友	ちんぐ
疲れた	きっか	素晴らしい	うまらしか	泣き虫	なっぴい
だます	えらかす	お顔がすいた	ひだっか	兄	ば
とても	ざーま	格好つける	ぎらはる		
急け者	どろくれ	瞳かい	ぬっか		
酒盛り	どうぶり	面倒くさい	やじらっか		
緒がぶれる	なぐれる				

なんちな？ 何ですか？

みじょかっぱ見れ かわいいね〜

あっぱよー うわー驚いた！

はんかぴか〜 恥ずかしい〜

とどひかなあ ひさしぶりだねえ

ごとりん ／ パラモンちゃん ／ つばきねこ

VOICE 五島市のイメージキャラクターは3体。頭にヤブツバキをのせた「ごとりん」、パラモン凧をモチーフにした「パラモンちゃん」、ゆるキャラらしさ全開の「つばきねこ」。祭りやイベントのときに会えることも！

旅行前に読んでおきたい
五島本
セレクション

五島をよく知るためには、さまざまな角度から書かれた本を読むのがいちばん。旅行前に読んでおけば、五島での楽しみが倍増！　帰ってから読んでも新たな発見が。

五島ゆかりの有名人も！

『五島列島の全教会とグルメ旅』　ガイド
カトリック長崎大司教区・
下口勲神父　監修
長崎文献社　税込 1100 円
世界遺産を含む、全 51 の教会を紹介。食べ歩きからおみやげ探しまで、おいしくて楽しい五島の魅力を網羅した 1 冊。

『海の国の記憶 五島列島』　歴史
杉山正明　著
平凡社　税込 1650 円
ユーラシア史の専門家が、五島列島とアジアの古代～近代のあゆみを追う。五島の知られざる歴史に迫った 1 冊。

芥川賞作家の文学的原点

『五島崩れ』　物語
森禮子　著
里文出版　税込 1870 円
五島に移住した潜伏キリシタンの子孫を通して、政府によるキリスト教弾圧と信仰を守り続けた信徒の姿を描いた名作。

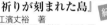

『長崎・五島 世界遺産、祈りが刻まれた島』　紀行文
江濱丈裕　著
書肆侃侃房　税込 1870 円
五島出身の著者が、世界遺産の教会や集落を中心に、島に点在する教会やそれにまつわる歴史、島の雰囲気をレポート。

五島に住みたくなる！

『ばらかもん』　マンガ
ヨシノサツキ　著
スクウェア・エニックス　税込 730 円
五島列島のある島に住むことになった書道家と、島の住人との交流を描いた、ほっこり和むアイランドコメディ。

さわやかに感動～

『くちびるに歌を』　物語
中田永一　著
小学館　税込 770 円
五島列島の中学合唱部を舞台にした青春小説。音楽コンクールを目指す部員たちが書いた手紙には等身大の秘密がある。

『珊瑚』　物語
新田次郎　著
新潮社　税込 737 円（電子書籍）
サンゴ景気にわく五島列島で、深海サンゴに魅せられ、命がけで海に出る若者たちの愛と夢を描いた海洋ロマン。

神はいるのか!?

『沈黙』　物語
遠藤周作　著
新潮社　税込 693 円
キリシタン禁制下の日本で、日本人信徒への激しい弾圧に直面したポルトガル人司祭の苦悩に迫った長編小説。

旅の情報源！　お役立ちウェブサイト

▶五島の島たび　goto.nagasaki-tabinet.com
福江島、久賀島、奈留島の観光や祭り、イベント、グルメ情報などを網羅。

▶五島市観光協会　www.gotokanko.jp
観光客向けに五島市の情報を掲載。観光協会主催のツアーも充実している。

▶新上五島町観光なび　shinkamigoto.nagasaki-tabinet.com
新上五島町の観光情報を紹介。モデルコースなど実際に役立つ情報がいっぱい。

▶おぢか島旅　ojikajima.jp
小値賀島について基本情報から過ごし方までを網羅したサイト。写真もきれい。

▶宇久島観光協会オフィシャルサイト　www.ukujima.com
五島列島最北端の島の魅力を紹介。民泊や体験型メニューの紹介も充実している。

五島の美景に癒やされる　映画
映画『くちびるに歌を』
小さな島の中学合唱部を舞台に、臨時教員と部員との交流を描いたベストセラー小説を映画化。教員役には新垣結衣。五島列島の豊かな自然が満載。2015 年 2 月に公開された。

© 2015『くちびるに歌を製作委員会』
© 2011 中田永一／小学館

VOICE
コミックの『ばらかもん』は 2014 年にアニメ化され、2023 年には実写化ドラマが放送された。ドラマでは福江空港など福江島の各所でロケが行われ、聖地巡礼に訪れるファンも。「ばらかもん」とは五島の方言で「元気者」といった意味。

121

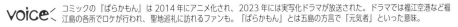

五島 島人インタビュー 4
Islanders' Interview

歌の主人公はそのへんの人たち。
島はネタの宝庫ですよ

右／多彩な詩と音で五島の魅力を伝える 下／アルバム『LIFE.』(2000円)をはじめ精力的に新曲を発表

五島弁アーティスト **ベベンコビッチ**さん

五島弁のアクセントは
リズムに乗りやすい！

　五島列島に五島弁で歌うユニークな歌手がいる。その名もベベンコビッチ。国家公務員からアーティストに転身した個性派だ。

　「転勤で20年以上ぶりに五島に戻って、方言が消えつつあるのを感じたんです。それで歌として五島弁を残しておくのもおもしろいんじゃないかと仲間とバンドを結成しました」

　歌ってみると、五島弁はベベンコビッチさんの音楽にぴったりとマッチしたそう。

　「五島弁は強弱のある方言なので、

洋楽っぽい曲にはまるんです。舌の絡み方やアクセントなど、方言のほうがしっくりくる。そして歌うほうもそれがモチベーションになって飽きない」とベベンコビッチさん。

　バンド結成の翌年には、ニッポン放送主催『全国ナイスミドル音楽祭』で準グランプリを獲得し、全国的に知られるようになった。

　「島に限定することで、歌作りに困るんじゃないかといわれるんですが逆ですね。歌の主人公はそのへんの人たち。島はネタの宝庫ですよ」

五島を歌うことで
島のよさを実感する

　楽曲は160以上。どの曲も島をテーマにしているが、ロック、パンク、ブルースと何でもあり。

　「人口の少ない島で活動するわけですから、年齢層は限定しません。子供から大人まで目の前の人をいかに楽しませるか。僕は迎合音楽なんて呼んでいますが……それが楽曲作りによい影響を与えています」とベベ

ンコビッチさんは笑う。歌が五島人の地元愛に火をつけるそうだ。

　「たくさんの人から、あらためて五島を振り返るきっかけになったといわれるんです。実は僕もそれを意識していて、島を出た人が歌を聴いて頻繁に里帰りをするような状態にできればいいと思っています」

　島について歌うことは、本人にとってもよい効果をもたらしている。

　「五島をテーマに歌うことで、故郷のよさを感じられる。それがこんなにもうれしく、よいものだとは」とベベンコビッチさん。「自分のルーツを無視したら人生は充実しませんから。歌への共感が、地元への誇りや自信につながればうれしいです」

　現在は小値賀島で昭和レトロ風の居酒屋と、1日1組限定のゲストハウスを営む。地産地唄アーティストの進化は止まらない！

笛吹横丁→P.102、オヂカノオト→P.103

創作和食が味わえる屋台居酒屋、笛吹横丁。夜は生歌が聴けることも

出発前にチェックしておきたい！

旅の基本情報
Basic Information

！

五島列島の旅に欠かせない基礎知識をご紹介。
島への行き方からシーズンや見どころ、お金の話まで、
知っておくと損をしないトピックスを網羅しました。

旅行の前に
知っておきたい！

旅の基礎知識

九州の北西部、長崎港から西に約100kmの海域に連なる五島列島。
島の概要や季節ごとの名産品など、知っておきたい基礎情報を紹介。

PART 1 まずは五島列島について知ろう

美しい海に囲まれ、異国文化の影響を受ける五島列島。その魅力とは？

◇ コバルトブルーの海に囲まれた大小150の島々

　九州の最西端、長崎港の沖合およそ100kmに浮かぶ五島列島。有人島は18あり、そのうち観光客が一般的に訪れるのは、メインエリアとなる福江島と中通島を中心に、奈留島、若松島、小値賀島、宇久島など。

　海洋性気候に属し、冬は温暖、夏は比較的涼しいことが特徴。沖縄や奄美群島のような南の島々よりは、真夏でも過ごしやすい。とはいえ、黒潮から分岐したばかりの対馬暖流の影響を受けるため、海は青く多様な海洋生物が生息。海中をのぞけば、エダサンゴやテーブルサンゴが群生している。

対馬暖流が流れ込む海は透明度抜群

◇ 日本らしい文化的景観と異国文化が共存

　自然が豊かな五島では、湾に囲まれた小さな漁村や、山に抱かれてたたずむ農村など、古きよき日本の姿を伝える風景が各島に点在する。久賀島と奈留島、小値賀島の豊かな田園風景や、中通島にある北魚目の山間の村、崎浦の五島石で築かれた集落が重要文化的景観と呼ばれる文化財に登録されている。さらに古代は遣唐使、中世からはキリシタンと、異国文化を感じられる史跡も多い。先人たちの歴史や想いを学び、足跡をたどってみよう。

五島列島全体に51のカトリック教会が点在。静かに巡礼を

五島石の産出地として栄えた崎浦には、見事な石畳や石垣が残る

◇ 風や潮流で電気を作るエコロジーな島

　地球温暖化対策として、再生可能エネルギーの導入が期待される昨今、五島では福江島の五島岐宿風力発電研究所で風車を回しているほか、福江島沖で海に浮かぶ浮体式の洋上風力発電、奈留島と久賀島の瀬戸で潮流発電の実験が積極的に行われている。

　また福江島と中通島では、レンタカー会社に電気自動車が充実している。島内の観光スポットを中心に急速充電器が設置されているので、排出ガスゼロのエコドライブを満喫できる（→P.132）。

上／乗り心地も快適な電気自動車
下／岐宿で行われている風力発電

野崎島の高台にたたずむ旧野首教会の美麗な姿

美しい教会が見どころ！
世界遺産の集落へ

　2018年7月に「長崎と天草地方の潜伏キリシタン関連遺産」が、ユネスコの世界文化遺産に登録された。これは17〜19世紀のキリスト教禁教政策のなかにあって、長崎と天草地方の潜伏キリシタンが信仰を伝承した証拠。その歴史を12の構成資産によって表している。五島列島にある「奈留島の江上集落」「久賀島の集落」「野崎島の集落跡」「頭ヶ島の集落」も構成資産に含まれ、これらの集落やそこに立つ江上天主堂、旧五輪教会堂、旧野首教会、頭ヶ島天主堂は観光資源としても注目を浴びている。その他の美しい教会群とともに、多くの人々が巡礼に訪れている。→P.30
長崎と天草地方の潜伏キリシタン関連遺産ホームページ
URL kirishitan.jp

Voice 乾麺でおみやげにも適した五島うどん。製麺所はおもに中通島に集中し、その数は25軒ほど。練ってこなして延ばして干すという製法は同じだが、麺の太さやコシの強さなどそれぞれ独自のこだわりがある。ぜひ食べ比べを！

PART 2 五島列島旅行ノウハウ Q&A

旅行前の準備や現地での過ごし方に欠かせないポイントを紹介！

夏は水温も高くて快適♪

シーズンのノウハウ

Q. ベストシーズンはいつ？

A. いつでもOK　四季折々の魅力に触れて

ハイシーズンは島らしい気候を楽しめる初夏から初秋。とはいえ、春には山桜、秋には紅葉と四季折々の魅力がある。クリスマスの教会や1月に行われるヘトマトも見どころ。

Q. マリンレジャーはいつまで？

A. 7月中旬〜8月下旬がベスト

海開きは7月中旬〜下旬で、8月いっぱいまでが海水浴シーズン。カヌーやスノーケリングを楽しめるのも、基本的にはこの時期になる。釣りやダイビングは通年行われている。

Q. 服装の注意点は？

A. 夏でも海風で冷えることが！

温暖で過ごしやすい五島列島。しかし海沿いでは、風が肌寒く感じられることもあるので上着を用意しておきたい。降水量は本土と変わらないが、スコールのような雨が降ることがあるので、雨具は必須。

どすこい！佐田の山

遊び方のノウハウ

Q. 港に着いたらどうする？

A. 観光案内所をチェック

船での移動が基本となる五島。各港のターミナルに観光案内所（→P.134）が併設されているので、地図やパンフレットを入手しよう。アクティビティやレンタカーの相談も受けてくれる。

福江港のターミナル。観光案内所や飲食店、みやげ物店が並ぶ

Q. 現地ツアーの予約は？

A. 余裕をもって旅行前に

マリンアクティビティやガイドツアーについては、出発前の予約が無難。繁忙期にはすぐに定員に達してしまう場合もあるので注意。グラスボートなど、当日でも可能なものもある。

Q. 商店は夜まで開いている？

A. 小さな島では17:00頃閉店も

福江島や中通島では、港周辺の市街地に深夜まで営業しているスーパーやコンビニがある。しかし離島の商店は、夕方に閉まってしまうことが多い。出かける前に確認を。

お金のノウハウ

Q. 旅費の目安はどれくらい？

A. 九州発2泊3日で2万円台〜

2024年4月の九州商船のフェリー片道2等、長崎〜福江島が4080円、佐世保〜中通島が4240円。宿が7000円前後なので、1島なら九州からの移動と2泊で2万円台〜。

Q. クレジットカードは使える？

A. 現金払いやQRコード決済が主流

カードが使えるホテルや旅館もあるが、小さな宿泊施設や飲食店では現金で支払うのが一般的。現金を多めに用意しておこう。最近はQRコード決済を利用できる店が増えている。

Q. ATMは充実している？

A. 地方銀行やゆうちょ銀行で

福江島や中通島には、コンビニが点在するがATMの有無は店舗により異なる。銀行や郵便局、JAにもATMがあるので場所と受付時間を確認しておこう。

5月の後半、上五島に行きました。この時期は日差しがやわらかで風も気持ちよく、ゆっくり流れる島時間を楽しむことができるのでおすすめです。桐古里の美しい瀬戸を一望できる桐教会には特に感動しました！　　　　　　　（東京都　kiraさん）

五島うどんは、大鍋でぐらぐらとゆでる地獄炊きが定番

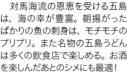

五島牛のステーキも！

🍙 レストランのノウハウ

Q. 食べておきたい料理は？

A. 海鮮と五島うどん！

対馬海流の恩恵を受ける五島は、海の幸が豊富。朝揚がったばかりの魚の刺身は、モチモチのプリプリ。また名物の五島うどんは多くの飲食店で楽しめる。お酒を楽しんだあとのシメにも最適！

1年中新鮮な魚を楽しめる。手前はハコフグの味噌焼き「カットッポ」

🍙 おみやげのノウハウ

ふりかけにもだしにも！

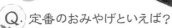

五島あごしまん 焼あご

Q. 定番のおみやげといえば？

A. 五島うどんとアゴだしセット

定番は五島うどん。乾麺で長持ちするので、人に配るにも最適。アゴの粉末スープや液体だれを購入すれば、五島の味を再現できる。椿油や塩、サンゴ細工も人気。

機械に頼らず、昔ながらの製法で手延べされる五島うどん

Q. 大型みやげ物店はある？

A. 各港のターミナルがおすすめ

おみやげを買うには、各島の港にあるターミナルショップがおすすめ。島の中心地にはみやげ物店が意外に少ないので、島に着いたらまずチェックし、帰りの船を待つときに購入を。

Q. まとめ買いもできる？

A. 宅配便やネットショップで

五島うどんやだし、椿油などは、ネットショップを出店している製造元もある。パンフレットをもらっておき、帰宅後に吟味するのも一案。冷凍の海鮮や重いものは宅配便を利用して。

Q. 営業時間と予約は？

A. 絶対に行きたいなら予約を

飲食店の営業時間は11:00 〜 14:00頃と17:00 〜 21:00頃が一般的。ただし仕入れや客足の状況によっては、早仕舞いする場合もある。席数が少ない人気店は予約が必須。

Q. 食べ物のおいしい時期を教えて

A. 海と山の幸の旬をチェック

四季折々の味を堪能できるが、海産物は秋〜冬、農産物は春〜夏に旬を迎える食材が多い。台風など荒天で海が荒れると漁に出られず、食事処でも刺身がなくなるので注意。

新鮮な魚介類が1年中水揚げされる。手前はキビナゴ。刺身や一夜干しが美味

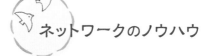

田畑が多く野菜の種類も豊富。ゴーヤは5〜12月に市場へ

🐟 ネットワークのノウハウ

Q. 携帯電話は通じる？

A. 市街地ではだいたいOK

福江島や中通島の市街地では、どの会社の機種も問題なく利用できる。ただし郊外や離島では通じにくい場合も。気になる人は観光案内所や宿泊施設に確認しておくとよい。

Q. インターネットは使える？

A. Wi-Fiはかなり普及している

Wi-Fi対応の宿泊施設や飲食店は増えており、スピードも速い。詳しくはHPなどでチェックを。福江島では福江港、中通島では有川港や奈良尾港でWi-Fiを利用できる。

福江島も中通島も、市街地を離れると携帯電話が通じにくくなる場合があるので注意しよう。宿のWi-Fi環境については予約前に確認を

voice 上記以外のWi-Fiスポットは、福江島は福江武家屋敷通りふるさと館や遣唐使ふるさと館、久賀島は旧五輪教会堂、奈留島は奈留ターミナル、中通島は新上五島町役場本庁、若松島は新上五島町役場若松支所、小値賀島は小値賀港ターミナルなど。

PART 3

気になる！　食の旬が知りたい

五島列島の海の幸＆山の幸について、収穫時期や旬を紹介！

凡例：🍵 おいしく食べられる旬　　🐟 漁獲のある月　　🌷 収穫のある月

食 材	1	2	3	4	5	6	7	8	9	10	11	12
海産物												
クエ	🍵	🍵	🍵						🐟	🐟	🍵	🍵
イセエビ				🍵	🍵			🍵	🍵			
マアジ	🐟	🐟	🐟	🐟	🍵	🍵	🐟	🐟	🍵	🍵	🐟	🐟
タチウオ						🍵	🍵	🍵				
アオリイカ	🐟	🐟	🐟							🍵	🍵	
メダイ					🍵	🍵						
ブリ	🍵	🍵										🍵
キビナゴ	🍵	🍵	🍵	🍵	🐟	🐟			🐟	🐟	🐟	
イサキ					🍵	🍵	🍵					
マダイ	🍵	🍵	🍵	🍵								
スルメイカ				🍵	🍵	🍵						
サザエ						🍵	🍵	🍵				
マダコ					🍵	🍵	🍵	🍵				
ヒラマサ						🍵	🍵	🍵				
イシダイ				🍵	🍵	🍵	🍵					
トビウオ						🍵	🍵					
カマス									🍵	🍵	🍵	
サバ	🍵	🍵									🍵	🍵
ヒラメ	🍵	🍵									🍵	🍵
カワハギ								🍵			🍵	🍵
サワラ	🍵	🍵	🍵									
農産物												
ジャガイモ				🍵	🍵							
五島ルビー（トマト）	🍵	🍵	🍵	🌷	🌷						🍵	🍵
ブロッコリー	🍵	🍵	🍵	🍵								🍵
スナップエンドウ	🌷	🌷	🍵	🍵						🌷	🌷	
アスパラ				🍵	🍵	🍵	🍵	🍵				
ソラマメ				🍵	🍵							
インゲン					🍵	🍵				🍵	🍵	
カボチャ						🍵	🍵					
サツマイモ									🍵	🍵		
キュウリ	🍵	🍵	🍵		🍵	🍵	🍵			🍵	🍵	
ビワ			🍵	🍵	🍵							
タカナ	🌷	🌷	🍵									🌷
レタス	🍵	🍵	🍵									
ゴーヤ					🌷	🌷	🍵	🌷	🌷	🌷		
イチゴ	🍵	🍵	🍵								🌷	🍵
マンゴー							🍵	🍵				
メロン						🍵						
ダイコン	🍵	🍵										🍵

※出典 五島市ブランド図鑑／五島市商工振興課

ゴールデンウイークの福江島で、旬になったばかりのアマダイを塩焼きでいただき、そのシンプルな味わいに感激！ 五島牛の串焼きも「口のなかでとろけるってこのことか！」とはっとするおいしさでした。　　　　（神奈川県　リリーさん）

目的地に
合わせて
空路&海路で♪

五島列島へのアクセス

五島列島へは、長崎・佐世保・福岡の3都市を起点に飛行機か船でアクセス。
島々を海路が結んでいるので、高速船やフェリーでアイランドホッピングも可能!

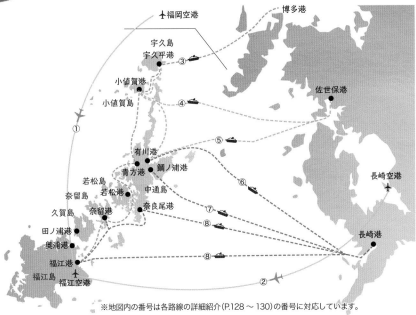

✈福岡空港

博多港

宇久島
宇久平港 ③

小値賀港

小値賀島 ④

①

佐世保港

有川港 ⑤

青方港　鯛ノ浦港

若松島　中通島 ⑥

奈留島

久賀島　若松港

田ノ浦港　奈留港　奈良尾港 ⑦

奥浦港 ⑧

長崎空港

福江港 ⑧

福江島　福江空港 ②

長崎港

※地図内の番号は各路線の詳細紹介(P.128～130)の番号に対応しています。

✈ 福岡空港・長崎空港から飛行機でアクセス

五島列島の空の玄関口となるのは福岡空港。全国の主要都市から、長崎空港か福岡空港
を経由してアクセス。福岡空港から福江市街までは、五島バスで15分程度。料金310円。

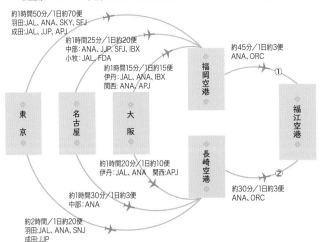

約1時間50分/1日約70便
羽田:JAL、ANA、SKY、SFJ
成田:JAL、JJP、APJ

約1時間25分/1日約20便
中部:ANA、JJP、SFJ、IBX
小牧:JAL、FDA

約1時間15分/1日約15便
伊丹:JAL、ANA、IBX
関西:ANA、APJ

約45分/1日約3便
ANA、ORC

①

福岡空港

福江空港

東京

名古屋

大阪

長崎空港

約1時間20分/1日約10便
伊丹:JAL、ANA　関西:APJ

約30分/1日約3便
ANA、ORC

②

約1時間30分/1日約3便
中部:ANA

約2時間/1日約20便
羽田:JAL、ANA、SNJ
成田:JJP

福江空港ターミナル
☎ (0959) 72-5151
URL www.fukuekuko.jp

全日空
☎ 0570-029-222
URL www.ana.co.jp

オリエンタルエアブリッジ
☎ 0570-064-380
URL www.orc-air.co.jp

福江島の空港は福江空
港のほか五島福江空港と
も呼ばれる。五島つばき
空港という愛称もある。

※スリーレターコード早見表
ANA…全日空、APJ…ピーチ、IBX
…IBEX エアラインズ、JAL…日本航
空、JJP…ジェットスター・ジャパン、
ORC…オリエンタルエアブリッジ、
SFJ…スターフライヤー、SKY…ス
カイマーク・エアラインズ、SNJ…
ソラシド エア、FDA…フジドリーム
エアラインズ

交通費を抑えるなら、深夜移動の高速バスで。博多駅まで片道が、新宿から14～15時間で1万5000円前後、名古屋から
10～11時間で1万円前後、大阪から9～10時間で5000円前後が目安。博多駅から博多港までは P.129で紹介。

博多港・佐世保港・長崎港から船でアクセス

五島へは船でアクセスするのが一般的。博多・佐世保・長崎の3港から、
フェリーや高速船が就航している。九州までの移動や目的地に合わせて港を選ぼう。

博多港から

■カーフェリー：フェリー太古（野母商船）
1日1便（博多港23:45の深夜便）
車両5m未満／3万4130円（博多港〜福江港）

博多					
3840円	宇久平				
4000円	480円	小値賀			
4370円	1230円	960円	青方		
4750円	2520円	2080円	1240円	奈留	
4930円	2890円	2600円	1660円	650円	福江

©野母商船

博多港からは、大型カーフェリー太古が発着。宇久島、小値賀島、中通島、奈留島、福江島を縦断する。乗船窓口はベイサイドプレイス博多から北西へ徒歩すぐの博多ふ頭第2ターミナルにある。

博多港 📍福岡県福岡市博多区築港本町13 🚉JR博多駅から：バスで❶博多ふ頭まで20分＋徒歩約2分。またはタクシーで約15分。福岡空港から：タクシーで約20分。またはJR博多駅から地下鉄で約5分。高速道路から：九州自動車道福岡ICから約20分。 🅿30分100円〜

運航会社問い合わせ先

九州商船 📞(095)822-9153 URL www.kyusho.co.jp
五島産業汽船 📞(0959)42-3939 URL www.goto-sangyo.co.jp
野母商船 📞0570-01-0510 URL www.nomo.co.jp/taiko

予約は? 乗船は? 🚢五島航路のトリセツ

▶**チケットは予約を**
乗船予約はインターネットや電話でできる。運航会社によって異なるが、乗船日の1〜2ヵ月前から販売される。詳細は問い合わせを。

▶**旅行日のダイヤをチェック**
運航スケジュールはシーズンにより異なるので、ホームページで確認を。船の点検のためのドック入りで便数が大幅に少なくなることもある。

▶**乗船受付は30分前までに!**
ネットや電話からの予約番号をもとに、出航30分前までに窓口で乗船手続きを行うのが基本。その後、乗船開始の案内に従って船へ。

▶**大きな荷物はどうする?**
高速船もフェリーもキャスターバッグ程度なら持ち込める。ただしサイズや重さに制限があるので、大きな荷物については問い合わせを。

▶**悪天候時は運休になることも**
台風による強風や高波などの影響で、船が欠航することもある。旅行日の気象情報に気を配り、場合によってはスケジュールを変更しよう。

佐世保港から

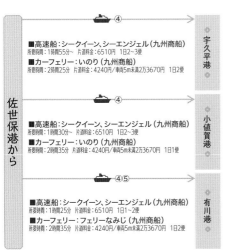

④ → 宇久平港
■高速船：シークイーン、シーエンジェル（九州商船）
所要時間：1時間55分〜 片道料金：6510円 1日2〜3便
■カーフェリー：いのり（九州商船）
所要時間：2時間25分 片道料金：4240円／車両5m未満2万3670円 1日2便

④ → 小値賀港
■高速船：シークイーン、シーエンジェル（九州商船）
所要時間：1時間30分〜 片道料金：6510円 1日2〜3便
■カーフェリー：いのり（九州商船）
所要時間：2時間35分 片道料金：4240円／車両5m未満2万3670円 1日1便

④⑤ → 有川港
■高速船：シークイーン、シーエンジェル（九州商船）
所要時間：1時間25分 片道料金：6510円 1日1〜2便
■カーフェリー：フェリーなみじ（九州商船）
所要時間：2時間35分 片道料金：4240円／車両5m未満2万3670円 1日2便

佐世保港からは、宇久島、小値賀島、中通島への高速船とフェリーが運航している。乗船窓口は新港交差点から新みなとターミナルを抜けた場所に位置する鯨瀬ターミナルにある。

佐世保港 📍長崎県佐世保市新港町8-23 🚉JR佐世保駅から：徒歩約7分。長崎空港から：リムジンバスで❶佐世保駅前まで1時間30分。またはジャンボタクシーで約1時間。高速道路から：西九州自動車道佐世保みなとICから約7分。 🅿30分100円〜（新みなとターミナル）

長崎港から

⑥ → 有川港
■高速船：シープリンセス、シーエンジェル（九州商船）
所要時間：1時間43分 片道料金：5460円 1日3便

⑦ → 鯛ノ浦港
■高速船：びっぐあーす、Vアイランド（五島産業汽船）
所要時間：約1時間40分 片道料金：6410円 1日3便

⑧ → 奈良尾港
■高速船：ジェットフォイルぺがさす、ぺがさす2（九州商船）
所要時間：1時間10分（福江経由は2時間10分）片道料金：9030円 1日2〜3便
■カーフェリー：万葉、椿（九州商船）
所要時間：1時間35分（福江・奈留経由は5時間20分）片道料金：4080円／車両5m未満2万5530円 1日1〜2便

⑧ → 奈留港
■カーフェリー：フェリー万葉、フェリー椿（九州商船）
所要時間：4時間20分 片道料金：4080円／車両5m未満2万5530円 1日0〜1便

⑧ → 福江港
■高速船：ジェットフォイルぺがさす、ぺがさす2（九州商船）
所要時間：1時間25分（奈良尾経由は1時間45分）片道料金：9030円 1日3〜6便
■カーフェリー：万葉、椿（九州商船）
所要時間：3時間10分（奈留経由は5時間55分）片道料金：4080円／車両5m未満2万5530円 1日2〜4便

長崎港からは、中通島の3つの港と奈留島、福江島にアクセスができる。乗船窓口は大波止交差点からショッピングセンターゆめタウン夢彩都を抜け、裏手に位置する長崎港ターミナルにある。

長崎港 📍長崎県長崎市元船町17-3 🚉JR長崎駅から：路面電車の長崎駅前駅から大波止駅まで約3分＋徒歩約5分。またはタクシーで約5分。長崎空港から：リムジンバスで❶大波止まで約40分＋徒歩約5分。高速道路から：長崎自動車道長崎ICから約20分。 🅿30分120円〜

五島列島の島から島へ船でアクセス

五島列島内の島から島への移動は海路が基本。ここに挙げたほかにも、予約制の海上タクシーや渡し船が運航している島もある（→ P.131、132）。詳細は観光案内所で確認を。

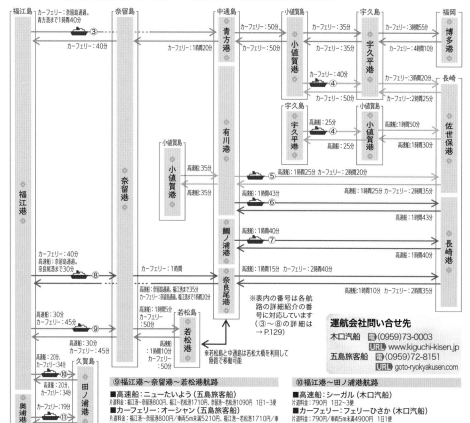

※表内の番号は各航路の詳細紹介の番号に対応しています（③～⑧の詳細は→ P.129）

※若松島と中通島は若松大橋を利用して陸路で移動可能

運航会社問い合わせ先

木口汽船 ☎(0959)73-0003
URL www.kiguchi-kisen.jp
五島旅客船 ☎(0959)72-8151
URL goto-ryokyakusen.com

⑨福江港～奈留港～若松港航路

■高速船：ニューたいよう（五島旅客船）
片道料金：福江港～奈留港800円、福江～若松港1710円、奈留港～若松港1090円 1日1～3便
■カーフェリー：オーシャン（五島旅客船）
片道料金：福江港～奈留港800円/車両5m未満5210円、福江港～若松港1710円/車両5m未満8810円、奈留港～若松港1090円/車両5m未満6000円 1日1～3便

⑩福江港～田ノ浦港航路

■高速船：シーガル（木口汽船）
片道料金：790円 1日2～3便
■カーフェリー：フェリーひさか（木口汽船）
片道料金：790円/車両5m未満4900円 1日1便

⑪奥浦港～田ノ浦港航路

■カーフェリー：フェリーひさか（木口汽船）
片道料金：500円/車両5m未満4740円 1日2便

おすすめモデルプラン

◆福江島滞在高速船プラン

1日目（長崎→福江島）		2日目（福江島→久賀島→福江島）					3日目（福江島→奈留港→福江島→長崎）						
11:30発 長崎港	⑧高速船：べがさす、べがさす2	12:55着 12:05発 福江港	⑩高速船：シーガル	12:25着 17:10発 田ノ浦港	⑩高速船：シーガル	17:30着 福江港	9:45発 ⑨高速船：ニューたいよう	10:15着 14:20発 奈留港	⑨高速船：ニューたいよう	14:50着 16:30発 福江港	⑧高速船：べがさす、べがさす2	18:15着 長崎港

◆上五島満喫高速船プラン

1日目（佐世保→中通島）		2日目（中通島→小値賀島→宇久島）				3日目（宇久島→佐世保）		
12:20発 佐世保港	⑤高速船：シーエンジェル	13:45着 6:40発 有川港	⑥高速船：シークイーン	7:15着 17:40発 小値賀島	⑥高速船：シークイーン	18:15着 11:25発 宇久平港	④高速船：シークイーン	12:20着 佐世保港

◆五島列島縦断カーフェリープラン

1日目（長崎→福江島）		2日目（福江島→奈留港→若松島）				3日目（中通島→小値賀島）			4日目（小値賀島→宇久島→博多）			
8:05発 長崎港	⑧カーフェリー：万葉、椿	11:15着 8:05発 福江港	⑨カーフェリー：オーシャン	8:50着 13:50発 奈留港	⑨カーフェリー：オーシャン	14:40着 12:10発 若松港 青方港	③カーフェリー：フェリー太古	13:00着 7:45発 小値賀港	④カーフェリー：いのり	10:20着 13:55発 宇久平港	③カーフェリー：フェリー太古	17:50着 博多港

※2024年4月現在の運航表を基にしたモデルプランです。ダイヤは季節や年度によって変更される場合があります。最新の情報を確認してください。

130

voice 高速船やカーフェリーの運航会社の多くが、旅客運賃や車両航送運賃について往復割引を行っている。同じルートを行き来する際は上手に利用しよう。レンタカーや宿泊施設の料金が割引されるパックツアーもチェック。

車かバスで目指すスポットへ！

五島列島の島内移動術

福江島と中通島はバス路線が充実しているが、その他の島々はレンタカーやタクシー、レンタサイクルなどを利用するのが一般的。エコな電気自動車にも注目！

福江島の島内アクセス

福江港から対岸の玉之浦地区までは車で約1時間、島を1周すると約2時間30分。五島バスは住民向けだが、予約制の定期観光バスを運行。タクシーの観光案内プランもある。周辺の島々へは、海上タクシーが運航している。

レンタカー info.
池田レンタカー　☎ (0959)74-1133　MAP P.58C2
入江レンタカー　☎ (0959)72-7535　MAP P.58A3
カースタレンタカー　☎ (0570)064-179　MAP 折り込み①D2
観光レンタカー　☎ (0959)72-8788　MAP P.58C2
軽自動車レンタカー椿　☎ (0959)74-1800　MAP 折り込み①D2
ごとう屋レンタカー　☎ (0959)88-9500　MAP 折り込み①D2
五島レンタカー　☎ (0959)88-9510　MAP P.58C2
スマイルレンタカー　☎ (0959)72-8366　MAP 折り込み①D3
チャンスレンタカー　☎ (0959)72-2415　MAP P.58C2
トヨタレンタカー福江　☎ (0959)72-7048　MAP P.58A3
日産レンタカー五島　☎ (0959)72-5175　MAP P.58C2
ニッポンレンタカー　☎ (0959)72-2110　MAP P.58B2
ラインレンタカー　☎ (0959)88-9795　MAP 折り込み①D2

レンタバイク info.
池田レンタカー　（同上）
入江レンタカー　（同上）

レンタサイクル info.
五島市観光協会→P.134
さんさん富江キャンプ村→P.61

バス info.
五島バス観光課　☎ (0959)72-2174

タクシー info.

大波止タクシー　☎ (0959)72-2854
五島タクシー　☎ (0959)72-2171
西海タクシー　☎ (0959)72-5131
ばらもんタクシー　☎ (0959)76-3217
三井楽タクシー　☎ (0959)84-3136

海上タクシー info.
▶福江・奈留　海上タクシー五島
　☎ (0959)74-1010
　海上タクシーむさし
　☎ (0959)73-0566
▶奥浦　久栄丸海上タクシー
　☎ (0959)73-0232
▶椛島　瀬渡・海上タクシー増栄丸
　☎ (0959)78-2269

久賀島の島内アクセス

田ノ浦港から車で、五島市役所久賀島出張所まで約10分。さらに東部の旧五輪教会の入口まで約40分。レンタカーやタクシーの台数には限りがあるので、来島する前に必ず予約しておくこと。

レンタカー info.
久賀島レンタカー　☎ (0959)77-2008　MAP P.71B2

タクシー info.
久賀タクシー　☎ (0959)77-2008

海上タクシー info.
▶浜脇　久賀海上タクシー長久丸
　☎ (0959)77-2228

奈留島の島内アクセス

奈留港から、島の中心部を通って宮の浜海水浴場まで徒歩1時間程度。レンタカーを利用すれば、宮の浜海水浴場まで約10分、江上天主堂まで約20分。レンタカー会社は2社とも電動自動車を扱っている。

レンタカー info.
奈留レンタカー　☎ (0959)64-2148　MAP P.74B2
奈留島港レンタカー　☎ (0959)64-2168　MAP P.74B3

レンタバイク info.
奈留島港レンタカー　（同上）

レンタサイクル info.
奈留レンタカー　（同上）

タクシー info.
丸浜タクシー　☎ (0959)64-3171

海上タクシー info.
▶奈留　奈留海上タクシー　☎ (0959)64-2673

voice　マイカーやレンタカーを利用せずに観光するには、バスやタクシー会社が開催するツアーが便利。福江島は五島バスの半日コースが充実している。そのほかの島でもタクシー会社に島内観光を依頼すれば、目的地や時間をリクエストベースで設定できる。

131

中通島の島内アクセス

島東部の有川港から車で、西の青方港まで約15分、南の奈良尾港まで約50分、北端の津和崎地区まで約1時間。西肥バスが中通島全域を網羅しているものの、便数が少ないので注意しよう。タクシー会社が予約制で観光案内を行っているので、利用するのもいい。

レンタカー info.
ありかわオートレンタカー　☎(0959)42-2817　**MAP** P.90C2
有川レンタカー　☎(0959)42-0042　**MAP** P.90B2
OMIZUレンタカー　☎(0959)55-2656　**MAP** P.90C1
GO島レンタカー　☎(0959)42-0191　**MAP** 折り込み③C4
トヨタレンタカー有川店　☎(0959)53-0100　**MAP** P.90B2
トヨタレンタカー奈良尾店　☎(0959)44-1200　**MAP** 折り込み③B6
奈良尾レンタカー　☎(0959)44-0364　**MAP** 折り込み③B6
宮崎自動車　☎(0959)54-1515　**MAP** 折り込み③B4
レンタル・アンド・リース浦　☎(0959)52-2088　**MAP** 折り込み③B4

レンタサイクル info.
新上五島町観光物産協会　☎(0959)42-0964　**MAP** P.90C2
奈良尾観光情報センター→P.134
はまぐりキャンプ村　☎(0959)42-5552　**MAP** P.90A2

バス info.
西肥自動車上五島営業所　☎(0959)52-2015
上五島観光交通　☎(0959)42-5008

タクシー info.
有川タクシー　☎(0959)42-0256
共和タクシー　☎(0959)52-2175
美鈴観光タクシー　☎(0959)44-1797

若松島の島内アクセス

中通島から若松大橋を渡ってアクセスできるので、中通島の奈良尾港周辺などでレンタカーを借りるのが便利。宿や飲食店は橋を渡ってすぐの若松港周辺や、土井ノ浦教会方面に5分ほど車を走らせたあたりに点在している。

タクシー info.　若松タクシー　☎(0959)46-2121

小値賀島の島内アクセス

宿泊施設や飲食店が集まる中心地は港から徒歩10分程度。島内は平坦なのでレンタサイクルでも十分に観光が可能。車を利用すれば、主要スポットを巡りながら2時間ほどで島を1周できる。路線バスは1日6～8便で日曜運休。

レンタカー info.
小値賀自動車整備工場　☎(0959)56-2175　**MAP** 折り込み②B2
福崎モータース　☎(0959)56-2464　**MAP** 折り込み②B2

レンタサイクル info.
おぢかアイランドツーリズム→P.134

バス info.
小値賀交通　☎(0959)56-2003

町営船 info.
▶野崎島・大島・納島　小値賀町役場産業振興課
　☎(0959)56-3111

宇久島の島内アクセス

島1周は、車でゆっくり走って1時間30分程度が目安。宇久平港のターミナルに併設する観光協会の窓口で電動アシスト付き自転車を借りれば、中心地から島の外周の見どころを網羅できる。路線バスは島民向けなので観光には適さない。

レンタカー info.
宇久交通　☎(0959)57-2132　**MAP** P.104C3

レンタサイクル info.
宇久町観光協会→P.134
ヤマサキリンエイ　☎(0959)57-2828　**MAP** P.104A1

バス info.
宇久観光バス　☎(0959)57-2020

タクシー info.
宇久交通　☎(0959)57-2132

電気自動車でエコドライブ！

五島列島はエコの島。多くのレンタカー会社で電気自動車を貸し出しており、主要エリアに急速充電器が完備されている。場所は観光案内所やレンタカー会社で配布されるパンフレットをチェック。充電カードはレンタカー料金に含まれるか、急速充電1回につき500円程度が目安。走行可能距離は30分の充電で80kmほど。エアコンの使用や坂道の走行は消費電力が多くなるので、充電が少ないときは注意を。

①急速充電器の前に電気自動車を停車。レンタカー会社で配布された充電カードをセンサーにかざす。
②充電器に書かれた手順を確認し、電気自動車の充電プラグに給電コネクタをセットする。
③ボタンを押して充電スタート。充電量などが表示される。時間や走行距離に合わせた操作を。

voice 電気自動車の走行距離はフル充電で最大100km前後なので、遠出する場合はどこかで充電が必要。急速充電器のほかにも、宿泊施設などに普通充電器が設置されている。ただし急速充電1回につき20～30分かかるため、繁忙期には充電待ちの列ができることもある。計画的な行動を！

福江島・中通島のおもな宿泊施設リスト

五島ステイのメインとなる、五島市の福江島と新上五島町の中通島の宿泊施設をピックアップ。
ここで紹介している以外の宿泊施設は、福江島→P.69～、中通島→P.95をチェック！

※そのほかの離島の宿泊情報は、久賀島→P.73、奈留島→P.77、若松島→P.98、小値賀島→P.103、宇久島→P.107をご覧ください。

◇福江島

福江

海と星の宿 MAP 折り込み① C3 住 五島市増田町 417-4
電 (0959)73-5462 料 素 3000 円～ 室数 1棟

キンナゴアジロ MAP 折り込み① D2 住 五島市松山町 390
電 080-5606-9305 料 素 8800 円～ 室数 3室

Guest House ASUKA MAP 折り込み① D3 住 五島市吉田町 740
電 070-4021-4835 料 素 4400 円～ 室数 9室

ゲストハウス五島時光 MAP P.58B1 住 五島市江川町 10-6
電 (0959)88-9238 料 素 3800 円～ 室数 4室

五島第一ホテル MAP P.58B2 住 五島市栄町 6-19
電 (0959)72-3838 料 素 5970 円～、朝夕 6620 円～ 室数 45室

五島の宿島日和 MAP P.58A3 住 五島市三尾野 1-1-29
電 080-5805-2258 料 素 5500 円～ 室数 5室

コンドミニアムホテル ライトハウス MAP 折り込み① D2
住 五島市吉久木町 204-6 電 (0959)76-3111 料 素 6000 円～
室数 8室

CONNE HOTEL MAP P.58B2 住 五島市中央町 6-19
電 (0959)75-0800 料 素 4400 円～、朝 5500 円～ 室数 64室

島の宿ごとう屋 MAP 折り込み① D2 住 五島市吉久木町 699-3
電 (0959)88-9569 料 素 4400 円～、朝 5460 円～ 室数 13室

ダイニーハウスねこたま MAP 折り込み① D2 住 五島市平蔵町
490 電 (0959)73-0730 料 素 1 万円～ 室数 1棟

ののや MAP 折り込み① D3 住 五島市野々切町 1456
電 080-2190-5039 料 素 1 万 2000 円～ 室数 1棟

ビジネスホテルアイランド MAP P.58B2 住 五島市中央町 1-15
電 (0959)72-2600 料 素 5000 円～、朝 5700 円～ 室数 17室

ビジネスホテルいりえ荘 MAP 折り込み① D2 住 五島市吉久木町
691-1 電 (0959)72-7435 料 素 5200 円～、朝 6200 円～
室数 23室

ビジネスホテルさくら MAP P.58B2 住 五島市栄町 9-14
電 (0959)72-7227 料 素 6300 円～、朝 7300 円～ 室数 24室

ビジネスホテルサンコー MAP P.58C2 住 五島市東浜 1-7-10
電 (0959)72-6511 料 素 4200 円～、朝 4800 円～ 室数 10室

ビジネスホテル旅の宿 MAP P.58B2 住 五島市栄町 8-5
電 (0959)74-5641 料 素 3300 円～ 室数 8室

ビジネスホテルファイブ・テン MAP 折り込み① D2 住 五島市籠淵
町 2367-2 電 (0959)72-7652 料 素 4500 円～ 室数 6室

ビジネスホテル三国 MAP P.58B2 住 五島市栄町 9-2
電 (0959)72-2860 料 素 5000 円～ 室数 17室

ビジネスホテルラウンドイン MAP P.58A2 住 五島市末広町 2-18
電 (0959)72-5722 料 素 3800 円～ 室数 7室

ホテル上乃家 MAP P.58A2 住 五島市末広町 7-7
電 (0959)72-2465 料 素 7000 円～ 室数 20室

民宿かんこう MAP P.58C2 住 五島市東浜町 1-21-9
電 (0959)72-8788 料 素 5720 円～ 室数 10室

民宿五島 MAP P.58C2 住 五島市東浜町 1-13-13
電 (0959)72-5911 料 朝夕 6300 円～ 室数 6室

民宿坂の上 MAP 折り込み① D3 住 五島市上大津 1076-1
電 (0959)72-5418 料 素 4320 円～、朝夕 6500 円～ 室数 8室

民宿よしかわ半泊店 MAP 折り込み① C1 住 五島市戸岐町 1174
電 090-5087-7366 料 素 3000 円～ 室数 1棟

三井楽

民宿 登屋 MAP 折り込み① B2 住 五島市三井楽町濱ノ畔 1014
電 (0959)84-2079 料 素 4000 円～、朝夕 6500 円～
室数 5室

民宿よしかわ三井楽店 MAP 折り込み① B2 住 五島市三井楽町
濱ノ畔 1042 電 090-5087-7366 料 素 4000 円～ 室数 1棟

玉之浦

民宿たまのうら MAP 折り込み① A3
住 五島市玉之浦町玉之浦 734-7 電 (0959)87-2206
料 素 3500 円～ 室数 9室

民宿みやこ MAP 折り込み① B3 住 五島市玉之浦町荒川 262
電 (0959)88-2239 料 素 3500 円～、朝夕 6500 円～ 室数 5室

岐宿

民宿あびる MAP 折り込み① C2 住 五島市岐宿町岐宿 3323-2
電 (0959)82-0251 料 素 4950 円～、朝夕 5500 円～、朝夕 7150 円～
室数 9室

◇中通島

有川

時愉亭 MAP P.90A2 住 南松浦郡新上五島町有川郷 2399-7
電 050-3704-5515 料 素 4800 円～ 室数 4室

ビジネスホテルカメリア MAP P.90B2
住 南松浦郡新上五島町有川郷 2597-1 電 (0959)42-0143
料 素 5300 円～、朝 5800 円～ 室数 9室

Hostel und Kitchen GOTO BASE MAP P.90A3
住 南松浦郡新上五島町七目郷 1018-1 電 070-8345-4699
料 素 3300 円～ 室数 2室

民宿潮騒 MAP 折り込み③ D3 住 南松浦郡新上五島町江ノ浜
郷 448-16 電 (0959)42-8750 料 素 6000 円～ 室数 1室

和風ペンション し喜 MAP P.90C2 住 南松浦郡新上五島町有
川郷 700-1 電 (0959)42-2465 料 素 4840 円～、朝 5000 円～、
朝夕 7040 円～ 室数 8室

上五島

青方サンライズホテル MAP 折り込み④ 住 南松浦郡新上五島
町青方郷 1110-43 電 (0959)52-2003 料 素 6050 円～
室数 14室

海小屋みっでい MAP 折り込み③ B4 住 南松浦郡新上五島町道
土井郷 179 電 080-8580-3437 料 素 5500 円～ 室数 4室

ゲストハウス哲丸 MAP 折り込み③ B3 住 南松浦郡新上五島町
網上郷 647-16 電 090-2519-7730 料 素 4000 円～ 室数 1室

サンセットやがため MAP 折り込み③ B3 住 南松浦郡新上五島
町奈摩郷 162-61 電 (0959)52-4390 料 素 7150 円～ 室数 6室

素泊まりの宿 しらはま MAP 折り込み④ 住 南松浦郡新上五島
町青方郷 1339-1 電 (0959)42-5999 料 素 4500 円～ 室数 5室

民宿 クロスの島 MAP 折り込み③ B4
住 南松浦郡新上五島町青方郷 513-11 電 (0959)52-3582
料 素 4070 円～ 室数 5室

新魚目

いづみや旅館 MAP 折り込み③ C3 住 南松浦郡新上五島町小串郷
394 電 (0959)55-2007 料 素 3850 円～、朝夕 4950 円～、朝夕 7150 円
～ 室数 3室

ホテル メリッサ MAP 折り込み③ C4 住 南松浦郡新上五島町
浦桑郷 1298 電 (0959)54-2001 料 素 7150 円～、朝 7900 円～
室数 23室

民宿 さつま屋 MAP 折り込み③ C4 住 南松浦郡新上五島町浦桑
1319 電 (0959)54-2883 料 朝夕 6600 円～ 室数 13室

旅館 三光荘 MAP 折り込み③ C3 住 南松浦郡新上五島町榎津郷
72 電 (0959)54-1123 料 朝 5500 円～、朝夕 7000 円～
室数 5室

奈良尾

Goto Adventure Inn MAP 折り込み③ B6 住 南松浦郡新上五島町
奈良尾郷 381-1 電 (0959)44-1722 料 素 4400 円～、朝 4900 円～
室数 3室

voice 福江島の「魚津ヶ崎公園キャンプ場・バンガロー」「さんさん富江キャンプ村」、中通島の「はまぐりキャンプ村」「しんうおのめぶ
れ愛らんど」は海に面したキャンプ場。中通島の「高井旅ログハウス・コテージ」ではロッジに泊まれる。

133

島の過ごし方、遊び方ならおまかせ！

観光案内所活用術

地図やパンフレットなど、島の情報が豊富な観光案内所。
上手に活用すれば、五島の旅がグッと楽しく快適になる！

活用術 ⚓ 1
⚓ 港のターミナルビルをチェック

船でのアクセスがメインとなる五島列島は、島内移動の起点も港。到着したら、まずは港のターミナルビルで観光案内所を探し、パンフレットや島の情報を手に入れよう。五島へ渡る前でも、長崎港をはじめ佐世保港や博多港でパンフレットや地図など島の情報が手に入る。

長崎港のチケットカウンター近くには五島の島々のパンフレットが並ぶ

活用術 ⚓ 2
⚓ 地図とパンフレットをゲット

観光案内所には、島内の見どころマップや人気観光スポットのガイドなど、パンフレットがたくさん置いてある。無料で配布されているので、本誌とあわせて利用しよう。目的施設の営業時間や、電気自動車の急速充電器の場所は要チェック。持ち帰って旅の記念にしたくなる！

町歩きや教会ガイドなど役立つ情報がいっぱい

活用術 ⚓ 3
⚓ 宿泊や遊びの案内もバッチリ

知りたいことがあれば、カウンターのスタッフに相談しよう。予算や目的を伝えれば、宿やアクティビティの紹介もしてもらえる。旅行前に問い合わせて、滞在先や過ごし方について情報を得るのも一案。島の人しか知らない、超穴場スポットやこだわりの飲食店を教えてもらえるかも!?

人気アクティビティのグラスボート。案内所で情報をゲット

活用術 ⚓ 4
⚓ おみやげだって購入できる

大型のみやげ物店が少ない五島。旅行者のために、ほとんどの観光案内所がみやげ物店を併設している。島ならではのレアなご当地みやげがあるので、ぜひチェックしてみて。特に人気なのは椿油や五島うどん、アゴだし、海産物などの名産品。高価な深海サンゴのアクセサリーは旅の思い出に。

帰り際におみやげを買うなら、ターミナル内の観光案内所へ

島の情報をゲット！ 🍃 五島の観光案内所

▶ 福江島　五島市観光協会
福江港ターミナル1階にある観光案内窓口。同ターミナル内のみやげ物店は品揃えも充実。施設内には飲食店もある。
MAP P.58C2　🚌 福江港ターミナル内　🏠 五島市東浜町2-3-1
📞 (0959)72-2963　🕐 9:00～17:00　🚫 なし　🅿 あり

▶ 久賀島　久賀島観光交流拠点センター
MAP P.71B2　🚌 田ノ浦港から車で約10分　🏠 長崎県五島市久賀町103　📞 (0959)77-2115　🕐 9:00～17:00　🚫 11～6月の月曜（祝日の場合は翌日）

▶ 奈留島　奈留インフォメーションセンター
MAP P.74B3　🚌 奈留ターミナル内　🏠 五島市奈留町泊133-21　📞 (0959)64-3383　🕐 7:00～18:00　🚫 なし　🅿 あり

▶ 小値賀島　おぢかアイランドツーリズム
MAP P.99C3　🚌 小値賀港ターミナル内　🏠 北松浦郡小値賀町笛吹郷2791-13　📞 (0959)56-2646　🕐 9:00～18:00　🚫 なし　🅿 あり

▶ 中通島　有川観光情報センター
有川港ターミナル内。観光案内を行っているほか、五島における捕鯨の歴史を知る鯨賓館ミュージアムを併設。
MAP P.90B2　🚌 有川港ターミナル内　🏠 南松浦郡新上五島町有川郷578-48　📞 (0959)42-3236　🕐 8:30～17:00　🚫 あり

▶ 中通島　奈良尾観光情報センター
奈良尾港ターミナルにある観光案内所。各種パンフレットを扱うほか、五島の海の写真や映像を紹介している。
MAP 折り込み③B6　🚌 奈良尾港ターミナル内　🏠 南松浦郡新上五島町奈良尾郷728　📞 (0959)44-0944　🕐 8:00～12:00、13:00～17:00　🚫 荒天時　🅿 あり

▶ 宇久島　宇久町観光協会
MAP P.104A1　🚌 宇久平港ターミナル内　🏠 佐世保市宇久町平2524-23　📞 (0959)57-3935　🕐 8:30～17:30　🚫 なし　🅿 あり

voice 教会巡りをするなら、観光協会で教会について詳しいハンドブックを入手しよう。各教会の歴史はもちろん、ステンドグラスや内装の工夫など見落としがちなチェックポイントが紹介されているので、たくさんの発見や感動があるはず。

さくいん

観る・遊ぶ　食べる・飲む　買う　泊まる

地球の歩き方
島旅 01

五島列島 GOTO 4訂版

STAFF

Producer	日隈理絵
Editors & Writers	高井章太郎（アトール）、三浦淳（U-mix）
Photographer	松島正一、三浦淳（U-mix）
Designer	坂部陽子（エメ龍夢）
Maps	千住大輔（アルト・ディークラフト）
Proofreading	ひらたちやこ
Printing Direction	中山和宣

Special Thanks　長崎県、（一社）長崎県観光連盟、五島市役所、五島市観光協会、
新上五島町役場、新上五島町観光物産協会、
おぢかアイランドツーリズム、宇久町観光協会

地球の歩き方 島旅 01　五島列島 4訂版
2021 年 4 月 13 日　初版第 1 刷発行
2024 年 7 月 16 日　改訂第 2 版第 1 刷

著 作 編 集	地球の歩き方編集室
発 行 人	新井邦弘
編 集 人	由良暁世
発 行 所	株式会社地球の歩き方
	〒 141-8425　東京都品川区西五反田 2-11-8
発 売 元	株式会社Gakken
	〒 141-8416　東京都品川区西五反田 2-11-8
印 刷 製 本	株式会社ダイヤモンド・グラフィック社

※本書は基本的に 2023 年 12 月の取材データに基づいて作られています。
発行後に料金、営業時間、定休日などが変更になる場合がありますのでご了承ください。
更新・訂正情報 ▶ https://www.arukikata.co.jp/travel-support/

本書の内容について、ご意見・ご感想はこちらまで
〒 141-8425　東京都品川区西五反田 2-11-8
株式会社地球の歩き方
地球の歩き方サービスデスク「島旅　五島列島編」投稿係
URL ▶ https://www.arukikata.co.jp/guidebook/toukou.html
地球の歩き方ホームページ（海外・国内旅行の総合情報）
URL ▶ https://www.arukikata.co.jp/
ガイドブック『地球の歩き方』公式サイト
URL ▶ https://www.arukikata.co.jp/guidebook/

●この本に関する各種お問い合わせ先
・本の内容については、下記サイトのお問い合わせフォームよりお願いします。
　URL ▶ https://www.arukikata.co.jp/guidebook/contact.html
・広告については、下記サイトのお問い合わせフォームよりお願いします。
　URL ▶ https://www.arukikata.co.jp/ad_contact/
・在庫については　Tel ▶ 03-6431-1250（販売部）
・不良品（乱丁、落丁）については　Tel ▶ 0570-000577
　学研業務センター　〒 354-0045　埼玉県入間郡三芳町上富 279-1
・上記以外のお問い合わせは　Tel ▶ 0570-056-710（学研グループ総合案内）

島旅の思い出や
おすすめを教えて！

読者
プレゼント

ウェブアンケートに
お答えいただいた方のなかから、
毎月 1 名様に地球の歩き方
オリジナルクオカード（500 円分）
をプレゼントいたします。

詳しくは下記の
二次元コードまたは
ウェブサイトをチェック！

URL
https://www.arukikata.co.jp/
guidebook/enq/shimatabi